cocon

Vorsatz: Windecken, Blick von der Nidderaue auf Hexenturm
und Stiftskirche
Nachsatz: Windecken, ehemaliges lutherisches Pfarrhaus

Ronald Bach: Vom Hinkelsche uff's Gickelsche
Illustrationen: Michael Rautenberger („Rautie")
Bildnachweis: Ronald Bach Vorsatz, Nachsatz, S. 18/19, 128;
Daniel Nachtigal U4, S. 8, 47
Umschlaggestaltung: Daniel Nachtigal
auf der Grundlage einer Illustration von Michael Rautenberger („Rautie")
ISBN 978-3-86314-275-9
Erschienen im CoCon Verlag, Hanau 2014
www.cocon-verlag.de

Ronald Bach

Vom Hinkelsche uff's Gickelsche

Dem Gedenken an meinen Vater
Richard Bach

† 23. Oktober 2012

Inhalt

Vorwort des Autors

Vielleicht ist es der Charme der altertümlichen Kleinstadt, der die Bewohner Windeckens seit jeher zu besonderen Leistungen beflügelt hat. Zum Beispiel die Familie Kurz mit dem Zuckerstreuer („süßer Heinrich") oder die Familie Lindt, die in die Schweiz auswanderte und praktisch die Schokolade erfand.

Die Rede ist vom derzeit einwohnerstärksten von fünf Nidderauer Stadtteilen. Für die ortsunkundigen Leser sei gesagt, dass die Stadt Nidderau nach Hanau, Maintal, Gelnhausen und Bruchköbel die fünftgrößte Kommune im hessischen Main-Kinzig-Kreis ist und etwa in der Mitte zwischen Frankfurt, Büdingen, Hanau und Friedberg am südlichen Rande der Wetterau im Rhein-Main-Gebiet liegt. Der Main-Kinzig-Kreis ist mit seinen 404 000 Bewohnern (2012) der einwohnerstärkste Landkreis Hessens und gleichzeitig auch der flächenmäßig größte Kreis in Südhessen.

Windecken hat etwas, was einen nicht so schnell loslässt und das offenbar zu der engen Verbundenheit der Bürger mit ihrer Stadt beigetragen hat; die dichtgedrängten Fachwerkhäuser, der von engen Gassen gesäumte Marktplatz mit dem gotischen Rathaus und der Stiftskirche, die leicht erhöht gelegene Burgruine mit dem Hexenturm, umgeben von einer sanften Hügellandschaft, durch die sich die Nidder ihren Weg sucht.

Diese Verbundenheit hat ihren Ausdruck auch in einer gemeinsamen Sprache gefunden, die sich deutlich von der in den benachbarten Orten unterschied und an der man den Windecker eindeutig als Windecker identifizieren konnte. Diese sprachlichen Besonderheiten sind im Schwinden begriffen. An die Stelle des Windecker „Ur-Dialekts" tritt immer stärker ein die Unterschiede zwischen den Orten einebnender „Rhein-Main-Dialekt".

In meinem Büchlein erzähle ich Geschichten in beiden in Windecken gesprochenen Dialekten, sowohl im Ur-Dialekt als auch im Rhein-Main-Dialekt. Auf das Problem, die Besonderheiten unserer Dialekte mit den uns zur Verfügung stehenden Buchstaben darstellen zu können, gehe ich im Anschluss an dieses Vorwort ein. Zwei im Ur-Dialekt erzählte Geschich-

Ronald Bach vor dem Hexenturm in Windecken

ten, „Unsern Willem un die Zehlerei" und „Em Bimbelliesi", habe ich exemplarisch für Ortsfremde ins Hochdeutsche übersetzt.

Die Geschichten habe ich frei erfunden oder sie im Ort „uffgeschnappt". Eventuelle Ähnlichkeiten mit lebenden Personen sind also rein zufällig. Bewusst oder unbewusst sind hie und da bestimmt auch autobiografische Aspekte mit eingeflossen. Um dem Leser dies etwas transparenter zu machen, hat Detlef Euler am Ende des Buches einige wichtige Stationen in meinem Leben aufgelistet.

Zusätzlich zu den hoffentlich unterhaltsamen, manchmal auch nachdenklich stimmenden Geschichten war mir ganz wichtig, der Frage nachzugehen, wie es zu den Dialektverschiebungen gekommen ist und welche Auswirkungen sie auf das gesellschaftliche Leben haben können. Unterstützt hat mich bei diesen sprachtheoretischen Erörterungen der in Nidderau-Windecken ansässige Historiker Erhard Bus, der in einem Essay untersucht, wie es zu den Besonderheiten des Windecker Dialekts gekommen sein könnte.

Der Titel „Vom Hinkelsche uff's Gickelsche" soll in der bildreichen Sprache des Dialekts den „sprunghaften Themenwechsel" dieses Büchleins umschreiben. Ich würde mich freuen, wenn meine Beiträge den Leser zum Schmunzeln bringen und an manchen Stellen auch nachdenklich stimmen könnten.

Ronald Bach
Sommer 2014

Schriftliche Darstellung des Windecker Dialekts

Dialekte enthalten Laute, die in der hochdeutschen Sprache nicht vorkommen. Deshalb gibt es dafür auch keine entsprechenden Buchstaben. Viele Dialektforscher haben deshalb ausgeklügelte Lautschriften mit zusätzlichen Zeichen entwickelt. Dazu gehören der Marburger Hans Friebertshäuser und der Gießener Bernd Strauch sowie in unserer Region Hans Urff (Mundart und Schriftsprache im Hanauischen, 1926)[1] oder Erwin Ungermann (Unser Kilianstädter Deutsch, 1999)[2].

Diese Lautschriften geben die Dialekte sehr genau wieder, dennoch habe ich mich gegen ihre Verwendung entschieden, weil die Vielzahl der neuen Zeichen erst erlernt werden muss und dadurch das Lesen sehr anstrengend wird. Zum Beispiel erhält ein langer Vokal bei Ungermann einen Doppelpunkt hinter dem Buchstaben, der Nasallaut über dem „a" einen spanischen Kringel (ã) und das sehr kurz gesprochene, manchmal nur gehauchte „e" wie in dem Mundartwort „Stobbe" (Stopfen) steht bei ihm sogar auf dem Kopf. Friebertshäuser und Strauch verwenden zusätzlich noch kleine Häkchen und Ringe unter den Buchstaben. Auch wenn in diesem Buch dadurch die Genauigkeit in der Aussprache vielleicht etwas leidet, habe ich dennoch auf diese Feinheiten zugunsten des besseren Leseflusses bewusst verzichtet.

Im süd- und mittelhessischen Raum enthalten die Dialekte fast französisch klingende Nasallaute. Im Windecker Dialekt gibt es sogar nicht nur einen, sondern zwei solcher Nasallaute, nämlich einen über dem Buchstaben „a" und einen anderen, aber ähnlich klingenden über dem Buchstaben „o". So wird das „o" in den Wörtern „Loch", „Koch" oder „noch" im Windecker Dialekt fast so ähnlich wie das nasalierte „a" wie im Französischen „manger" gesprochen. Um dies schriftlich darzustellen, habe ich mich auch eines französischen Hilfsmittels bedient, nämlich des „accent grave" (einem Schrägstrich über dem Buchstaben von links oben nach rechts unten: „ò"). So wird zum Beispiel aus dem Satz „Der hat ein Loch im Kopf" auf Windeckerisch „Der hot e Lòch em Kopp". Auch für das „a" bediene ich mich bei den Nasallauten des „accent grave". So wird aus „Es ist noch kein

Meister vom Himmel gefallen“: „Es ess nòch kààn Mààster vom Himmel gefalle“.

Im „Windecker Dialekt-Wörterbuch“[3] wird der Nasallaut „à“ mit „oa“ dargestellt. Zunächst wollte ich, um die Leser nicht zu verwirren und Kontinuität zu wahren, diese Schreibweise übernehmen, habe mich aber dann doch anders entschieden. Den Grund möchte ich am Beispiel der Wortfolge „gar keiner“ erläutern. Im „Dialekt-Wörterbuch“ lautet die Übersetzung „goar koaner“, bei mir „goar kààner“. Den Vorteil meiner Schreibweise sehe ich darin, dass die beiden unterschiedlich klingenden Laute auch unterschiedlich geschrieben werden.

Ansonsten habe ich mich aber bemüht, die im äußerst verdienstvollen „Dialekt-Wörterbuch“ gewählte Form der schriftlichen Darstellung weitestgehend zu übernehmen.

Noch ein Hinweis auf eine grammatikalische Besonderheit:
Die Vergangenheitsform Imperfekt wird nämlich im Windecker Dialekt so gut wie nicht benutzt. Will man zum Beispiel den Satz „Ich sah ihn und rannte weg“ ins Windeckerische übersetzen, so muss man sich einer anderen Zeitform, nämlich des Perfekts bedienen. Ein Windecker würde nämlich sagen: „Isch hunnen geseh unn soi fortgerennt.“

---

1 Hans Urff: „Mundart und Schriftsprache im Hanauischen“, Verlag des Hanauer Geschichtsvereins, Hanau 1926

2 Erwin Ungermann: „Unser Kilianstädter Deutsch“, Verlagsservice W. Niederland, Königstein 1999

3 Windecker Dialekt-Wörterbuch, Autoren: Dialekt-Zirkel, Annita Rosenthal und andere, Herausgeber: Verein der Heimatfreunde Windecken e.V. (1995)

Unsern Willem un die Zehlerei

„uffgeschnappt"
Geschichte im Urdialekt

De Borjemààster will wesse, wäivill Leut om Dààch es Roothaus uffsuche. Deshalb stellter de Willemm merem Dascherechner devier.

Em Uhre noi machese uff, un gleisch em fimf nooch noi gieht de lerschde enenn. De Willemm gebt e „ààns" uff seim Rechner enn. Em àcht nooch noi kimmt schunn de zwädde. Moin Willemm gebt enn: plus ààns gleich zwaa. Em äänenzwànsisch nooch noi kimmt ààner wirrer eraus. Wàs mecht de Willemm: er tippt enn minus ààns gleich ààns.

Jetz kimmt àwwer ebbes vier, wàs em Willemm de Schwaaß uff die Stirn treibt: fimfenzwànsisch nooch noi, un es komme gleich zwàà uff ààmol eraus. No ja, wàs soll mer mache? Dodefier hott mer jàà sei Maschinsche: minus zwaa gleich minus ààns.

De Borjemààster, neuschierisch wäier ess, kimmt em halwer zehje dezou un freht unsern Willemm, wäier suu seräächt kimmt un wäi de Stànd wier.

Do säät moin Willemm: "Wànn jetz nòch ààner enenngieht, ess kààner mieh drenn!"

Heut rouht sisch de Willemm fier e poar Wuche uff de Fanta-Ränch aus.

Unn wàs lerne mer do draus?
Logik vestieht näit jeder, mànchmol sugoar de Scheff näit.

Unser Wilhelm und die Zählerei

„aufgeschnappt"

Um den weniger mit den Ur-Ddialekten vertrauten Lesern den Einstieg in diese „Fremdsprache" zu erleichtern, folgt die Übersetzung der Ur-Dialekt-Anekdote ins Hochdeutsche

Der Bürgermeister möchte wissen, wie viele Leute am Tag das Rathaus aufsuchen. Deshalb stellt er den Mitarbeiter Wilhelm mit einem Taschenrechner davor.

Um neun Uhr öffnet das Rathaus, und gleich um fünf nach neun geht der erste Besucher hinein. Wilhelm gibt eine „eins" auf seinem Rechner ein. Bereits um acht nach neun kommt der zweite Besucher. Wilhelm gibt ein: „Plus eins gleich zwei." Um einundzwanzig nach neun verlässt einer das Rathaus. Was macht Wilhelm? Er tippt ein: „Minus eins gleich eins."

Jetzt kommt aber etwas vor, was Wilhelm den Schweiß auf die Stirn treibt: Um fünfundzwanzig nach neun verlassen gleich zwei Personen auf einmal das Gebäude. Na ja, was soll man machen? Dafür hat man ja seine Maschine: „Minus zwei gleich minus eins."

Der Bürgermeister, neugierig wie er ist, kommt um halb zehn dazu und fragt unseren Wilhelm, wie er zurecht kommt und wie der augenblickliche Stand wäre.

Da antwortet Wilhelm: „Wenn jetzt noch einer hineingeht, ist keiner mehr drinnen!"

Heute ruht sich Wilhelm für ein paar Wochen im Trinkersanatorium aus.

Und was lernen wir daraus?

Logik versteht nicht jeder, manchmal sogar der Chef nicht.

Besuch beim Hààs

„uffgeschnappt“
Geschichte im Rhein-Main-Dialekt

Es is schonn ganz schee lang her, dà hàt's in unsere Geeschend noch Bearn gewwe. Dàmàls spillt aach unser Geschicht. Es wàr zwar ausergewöhnlisch, àwwer trotzdem: Sie wàrn die besde Freunde, de Fux unn de Bear. Fast jeden Dààch hàwwe se sisch getroffe, unn aach gesdern Morje beim Sonneuffgang wàrn se widder àn ihrm Lieblingsplatz uff de Himmelswiss[1] àm Steeder Waald[2].

Bear: „Also gesdern wàrs ganz schee langweilisch hier owe. Es wàr gàr kààner dà, den mer emàl veäbbele oder ärjern konnt. Fux, isch sàch derr, des muss sisch ännern. Du bist doch en schlaue Fux, fällt dir dann nix ei?“
Fux: „Isch gebb derr jà rescht, mir zwaa müsse emàl widder de Pank àbgeh làsse. Àwwer gebb mer emàl e bissi Zeit, aach en Fux muss üwwerleesche.“

E bissi ungeduldisch hàt sisch de Bear uffen Rügge geleescht unn gesonnt, unn wie er zwaa Stunn de Vööschel mitzugeguckt hatt unn sonst nix bassiert is – aach de Fux hatt sein Schnàwwel die ganz Zeit gehaale unn nur erumgedöst – setzt sisch de Fux endlisch uff unn mescht e intressant Gesischt.

Bear: „Unn Fux, is derr endlisch wàs eigefalle?“
Fux: „Isch glaab, isch hàb dà wàs.“
Bear: „Làss disch net so feiern unn rück schonn eraus mit de Sprààch!“
Fux: „Mir könnde emàl de Hààs besuche.“
Bear: „Unn dàdefier hàst du zwaa Stunn üwwerleescht? Manchmàl zweifel isch dràà, dass du wirklisch en Fux bist, isch guck mer hier stunnelang die Vööschel àà, unn du kimmst mer mit'm Hààs!“
Fux: „Ei làss misch doch erstemàl ausredde! Isch hàb mer gedàcht, mir besuche den Hààs emàl in seim Bau unn gugge, ob der e Kabb uff hàt.“
Bear: „Nà klasse!“
Fux: „Unn wenn er kàà Kabb uff hàt, dann haache mer'm tierisch die Fress voll!“

Bear: „Des klingt schonn e bissi besser, komm, làss uns gleisch uffbresche!"
Fux: „Gut, gehmer Rischdung Hààsebau, velleischt isser jà dehààm."

De Bear strotzt vor Kraft, konnt se àwwer lang net mehr ààwende. Deshalb freut er sisch nadürlisch um so mehr, dem Hààs emàl so rischdisch ààns uff die Mütz gewwe zu könne. Àwwer: stimmt jà net. Der derf jà gàr kàà Kabb uffhàwwe. Unn so fengt de Bear klammhààmlisch àà, vor sisch hizubää-de, dass der àrme Hààs bloß kàà Kabb uff hàt. Nàch ere halwe Stunn komme se àn dem Hààs sein Bau, unn de ungeduldische Bear drückt aach gleisch uff die Schell. Baal streckt de Hààs dann aach sei Köbbsche eraus.

Hààs: „Ja, wàs wollt ihr dann? Isch kaafe nix!"

De Bear grinst schonn üwwer alle 4 Bagge unn holt schonn aus mit seiner große Prank, nàchdem de Fux uff des Köppsche von dem àrme Hààs gedeut hàt. Der hatt nadürlisch kàà Kabb uff.

Bear: „Mir wolle aach nix vekaafe, des hier kriehsde ganz umsonst!"

Unn dann hätter dem Hààs àà geschebbert, dasser hochkant in sein Bau zurückgeflooche is. Zufridde sinn die zwaa widder serück uff die Himmelswiss gelaafe unn hàwwe den Dààch gemütlisch ausklinge làsse.
Àm neechste Morje treffe se sisch widder uff de Himmelswiss, noch voller Freud üwwer die Aktion vom Vordààch, unn dàdevo läwese aach die neechste zwaa Woche. Dann àwwer wird's em Bear widder langweilisch.

Bear: „Du, Fux, isch wollt nochemàl sààche, dass des mit dem Hààs vor zwaa Woche wirklisch e gelungen Geschicht wàr, àwwer isch glaab, so langsam müsste mer uns widder emàl wàs eifalle làsse."
Fux: „Dà simmer emàl widder ààner Meinung, isch hàb mer dà aach schonn so mei Gedanke drüwwer gemàcht."
Bear: „Unn, bistde aach zu em Schluss komme?"

Fux: „Isch glaab schonn. De Schwerpunkt von meine Üwwerleeschunge wàr widder beim Hààs."
Bear: „Super, des klingt gut, wolle mer'n widder vetrimme?"
Fux: „Velleischt. Àwwer mir sollde immer fair sei unn dem Hààs e Schààs gewwe wie beim letzde Màl, wo er selwer dràà Schuld wàr, dasser kàà Kabb uff hatt."
Bear: „Des seh isch aach so, àwwer wàs für e Schààs willsdem dann dissmàl gewwe ?"
Fux: „Mir frààchen, ob er emàl e Kipp hàt."
Bear: „Bist du dann bekloppt? Der Hààs raacht doch wie en Schloot, die Wahrscheinlischkeit, dass der e Kipp hàt, is doch wahnsinnisch groß!"
Fux: „Des waas isch aach, deshalb musses jà aach franzeesisch Babier unn türkische Dawwak sei. Nur dann bassierdem nix."

Jetzt hàt de Bear erstemàl e pààr Minude üwwerleesche müsse. Dann hàt's àwwer bei em geklingelt in seim große, àwwer annererseits doch widder klààne Köbbsche.

Bear: „Fux, isch könnt disch knutsche, die Idee iss fasst noch besser wie beim letzde Màl."

Also mache se sisch uffen Weesch. Wie se àm Hààsebau ààkomme, drückt unsern ungeduldische Bear aach gleisch uff die Schell. Nàch e pààr Minude guckt wàs seltsames aussem Hààsebau eraus, neemlisch zwaa lange Ohrn ànnem weiss vebunnene Köbbsche, wo nur noch die Aache erausgugge unn dà drunner en Schlitz zum Babbele is.

Hààs (*nuschelt*): „Ihr zwaa schonn widder, bin isch dann net schonn gesträft genuch mit meim geschunnene Kobb? Macht eusch hààm unn làsst misch in Ruh!"
Fux: „Ei Hääsje, beruhisch disch doch, mir wollde doch nur emàl fràäche, ob du emàl e Sigarett für uns hàst."

Hààs: „Des duut mer jetzt àwwer leid, isch hàb gràd noch àà äänzisch dàà, die wird eusch àwwer net schmegge, des is neemlisch franzeesisch Babier unn türkische Dawwak, wàs anneres hàb isch net mehr krieht!"

Windecken, Hopitalstraße mit Stiftskirche

De Fux unn de Bear hatte nadürlisch mit allem gereschent, nur mit dere Antwort net. Ganz entgeistert hàwwe se sisch jetzt àägeguckt, unn de Bear, wo sei Muskel schonn hatt spille làsse, hàt die Felle jetzt nadürlisch devoo schwimme seh.
Allerdings hàt er dàdebei net mit de Schlauheit von unserm Fux gereschent. Dem sei Mien hàt sisch neemlisch ganz schnell widder uffgehellt. Mit ausgestreckter Vorderfoot hätter uff dem àrme Hààs sei vebunnen Köbbsche gezeischt, dàdebei den Bear àägeguckt unn gesàcht:

„Bear, guck emàl, der Säuhund hàt àwwer schonn widder kàà Kabb uff!"
Unn schonn wàr de Hààs widder de Gelackmeierde.

Unn wàs lerne mer dà draus?
Wenn zwaa sisch àànisch sinn, flennt de Dritte.

1 Gemarkungsname „Himmelswiese"
2 Kilianstädter Wald

Gellehause[1] unn driwwer enaus

„uffgeschnappt"
Geschichte im Rhein-Main-Dialekt

De Edwin wàr mit seiner Fraa von Windecke nàch Gellehause gezooche, ins Haus von de Schwichereldern, des hattese geerbt.
So rischdisch wohlgefühlt hàt sisch de Edwin dà drin net, unn weil er aach vor dem Umzuuch schon „kààn Durscht" hatt', sinn die dissbezüüschlische Bedürfnisse noch größer wàrn unn er musst alsemàl e Duur durch Sachsehause mache.
Aach diesmàl wàrs widder rischdisch schee in Sachsehause, so schee, dass er morjens em 4 erst uffem Hauptbahnhof in Frankfurt eigetorkelt is. Unn des, obwohl er wusst, dass sei Fraa gesàcht hàt, er soll spedesdens em 5 dehààm sei, sonst geeb's mit'm Welljerholz[2] uff die Birn. Ess wàr em Edwin schonn klar, dass des knapp wern deet, zumal er net wusst, ob unn wànn um die Zeit iwwerhaapt en bassende Zuuch fährt.
Also isser gleisch emàl zu dere Fraa im Auskunftskabbüffsche gange unn hàt gefràcht, wànn de neechste Zuuch nàch Gellehause geht.

Fraa: „Um 6 Uhr 12 von Gleis 11"
Edwin: „Des glaawisch net. Guggese dòch nochemal genau, dà muss doch vorher noch wàs se mache sei!"
Fraa: „Das stimmt schon, was ich ihnen sage. Es fahren zwar vorher noch Züge über Gelnhausen nach Fulda, die halten aber nicht dort. Der nächste ist ein ICE nach Berlin in 10 Minuten von Gleis 7, aber das nutzt Ihnen ja nichts."
Edwin: „Genauso isses. Isch muß àwwer unbedingt em 5 in Gellehause sei, sonst geht mei Fraa mit'm Welljerholz uff misch los!"
Fraa: „Dann hätten Sie mal eher kommen sollen, um 3.28 Uhr ging ein Zug, welcher auch in Gelnhausen hielt. Aber warum nehmen Sie denn kein Taxi?"
Edwin: „Gut Fraa, isch hàb doch gràd noch des àbgezehlte Geld für'n Zuuch, de Äbbelwoi wàr so klasse, dà hàb ich des annere Geld alles ausgewwe. Sie müsse mir ganz ààfach helfe, sonst gibt`s e Kadastroof!"

Fraa: „Das würde ich ja gerne tun, aber ich bin nun mit meinem Latein leider am Ende. Das einzige, was mir noch einfällt ..."
Edwin (*krieht glänzende Aache*): „Sàche se schonn, isch nemm jeden Strohhalm!"
Fraa: „Was mir noch eingefallen war ist: Der Zugbegleiter im ICE nach Berlin, der jetzt um 4.10 Uhr von Gleis 7 abfährt und als nächstes in Fulda hält, bekannt ist für seine guten Ideen, wenn diese auch manchmal etwas ausgefallen sind."
Edwin: „Isch muss misch eile, danke schon emàl unn tschüss!"

So schnell wie er kann lääft de Edwin jetzt zum Gleis siwwe, dà steht aach schonn de Zuuchbegleider unn hàt die Kell in de Hand unn die Peif im Schnàwwel.

„Stopp", kreischt de **Edwin**, „isch muss noch wàs fràäche!"
Zuuchbegleider: „Mache se àwwer schnell!"
Edwin: „Isch wàr in Sachsehause ààn saufe, wohn in Gellehause unn muss hààm, sonst hääscht misch mei Fraa mit'm Welljerholz. Ess Geld langt net mehr für e Taxi unn ess geht kààn Zuuch mehr wo in Gellehause hält!"
Zuuchbegleider: „Irschendwoher kenn isch des, so ehnlische Sache sinn mir früher aach schonn bassiert. Unn bevor Sie hier lang flenne müsse, steischese erstemàl ei, mir wird schonn wàs eifalle!"

Ziemlisch vewunnert, àwwer aach e bissi hoffnungsvoll steischt de Edwin in den Zuuch unn is nadürlisch gespannt wie e Wäschesaal[3], wie em der Zuuchbegleider helfe will. Mittlerweile sinn se schonn üwwer Hanau enaus, unn es kimmt als kààn Zuuchbegleider vebei. De Edwin is schonn so nervees wie e Hinkel unn trommelt mit seine Finger als uff dem Ablaachebrettsche erum. Zwische Hanau unn Selwold[4] kimmt de Zuuchbegleider dann endlisch in em Edwin sei Abdeil.

Edwin: „Unn, is ihne wàs eigefalle?"
Zuuchbegleider: „Isch bin mir net so sischer."
Edwin: „Rückese schonn eraus mit de Spràäch, so schlimm wird's schonn net sei. Isch bin für alle Schandtate bereit."
Zuuchbegleiter: „Des letzte denk isch mer, des hàwwese jà

aach schließlisch schonn bewiese. Àwwer bei meiner Idee muss ich sie erst emàl fràäche, ob sie sportlisch sin."

Edwin: „In de Schuul bin isch zwölf null uff hunnert Meder gelaafe, àwwer des is schonn e pààr Jährschen her. Wàs hàwwe se dann vor mit mir?"

Zuuchbegleider: „Ess is schonn emal gut, dass sie schnell laafe kenne. Velleischt packe mers jà dann doch noch. Also: Wenn mir Langeselwold hinner uns hàwwe, dann komm isch zu ihne ins Abdeil. Dann schiewe mir des Fensder erunner, ich schnapp sie àm Kràäche, unn sie fange in de Luft schonn fürschderlisch àà zu renne. Sobald de Bahnsteisch von Gellehause ufftaucht, làss isch sie langsam ause àm Fensder erunner unn sie laafe in de Luft als weider, bis sie Boden unner de Fieß hàwwe. Dann renne sie langsam aus unn sinn dehààm."

Edwin: „Des is jà e klasse Idee, isch bin gerett!! Isch könnt sie gràd knutsche!"

Zuuchbegleider: „Heernse uff, mit dere Äbbelwoifàhn net, sehn se liewer zu, dass se ordentlich renne in de Luft, sonst fallese noch uff die Nààs!"

Edwin: „Isch fang schonnemàl àà zu träniern, basse sie liewer uff, dass se die rischdisch Stell net verbasse!"

Zuuchbegleider: „Alles klar, bis gleisch!"

De Edwin hàt fleisisch sei Freiüwunge gemàcht unn wàr ganz hibbelisch debei. Er hatt' doch zimlisch Bammel, dass des net so klappe deet wie geplànt. Àm Zuuchbegleider jedenfalls hàt's net geleesche, kurz vor Gellehause isser wirklisch komme unn hàt sisch de Edwin àm Kràäche geschnappt. Der is wie veàbredt schonn in de Luft um sei Leewe gelaafe. De Zuuchbegleider hàtten ausem Fensder gekeeschelt unn dà is de Edwin gleisch nochemàl schneller gelaafe in de Luft. De Bahnsteisch von Gellehause kààm, de Zuuchbegleider hàt mein Edwin langsàm erunnergelàsse unn mein Edwin hàt tatsäschlisch Boden unner die Fieß krieht. Des wàr e Gefiehl wie Weihnachde unn Osdern uff ààn Dààch fürn Edwin, wie er immer langsammer beim Laafe geworn is.

Newer sisch is de Zuuch langsam ànnem vebeigefàhrn.

Uff ààmàl kimmt ausem letzde Fensder e Hand eraus, greift sisch den Edwin am Kràäche, ziehten enei unn secht grinsend:

„Dass de den Zuuch noch erwischst hättsde aach net geklaabt, odder?"

Unn wàs lerne mer dà draus?
So is des manchmàl, wenn die Mitmensche mitdenke. Hilfsbereitschaft hilft halt net immer.

---

1 Gelnhausen
2 Nudelholz
3 Wäscheseil
4 Langenselbold

Die Wiss àn de Bach

Geschichte im Rhein-Main-Dialekt

De Sieschfried wàr schonn in de CPD, so lang er denke kann, de Vadder, die Mudder, de Obba, die Omma un die Kussengs un Kusine aach all. Da er aach sehr heimatvebunne wàr un aach ebbes für die annern Leut üwwerisch hatt, hàt er sisch irschendwann emàl uffstelle làsse un is aach gleisch in die Stàdtveordnetevesammlung gewählt wàrn. Die schee Landschaft um Nidderau erum hàt em aach immer gefalle, unn deshalb wollt er sisch hauptsächlich fier die Erhaldung der Auelandschaft eisetze. Es wàr nur logisch, dass er dann in de Umweltausschuss gange is.

Dàmàls hatt sei CPD bei de letzte Kommenalwàhl 18 von 37 Sitze krieht, die SDU 17 un die „Weiße" 2. Unsern Sieschfried wàr jàà beliebt un konnt aach gut schwätze, deshalb hàt mer'n gleisch zum Vorsitzende im Umweltausschuss gewählt.

Meistens isses im Ausschuss sehr harmonisch zugànge. In de allermeiste Fäll wàr mer sowieso schon gleisch ààner Meinung, alsemàl musst àwwer aach e bissi dischpediert wern. Dànn hàt de Sieschfried àwwer die Meinunge so in en Beschlussvorschlàch gepackt, dass jeder zefridde wàr unn die Àbstimmung einstimmisch ausgefalle is. In dene Fäll wàr die Schlussàbstimmung im Parlament eischentlisch nur noch e Formsach.

Vill intressànder wàrn dann die Ausnàhmefäll, wo allààns schonn die Paddeie unnerschiedlischer Meinung wàrn. Wànns dann aach noch innerhalb von de Paddei unnerschiedlich zuging, dann isses spannend gewäse.

So wàrs aach bei de „Wiss àn de Bach". De Bauer Müller hatt die Vewaldung ààgeschriwwe, ob er sei Wiss in de Näh vom Nidderufer net umbreche dürft fier Kaddoffel. Dádefier müsst er àwwer aach die Uferbeflànzung e bissi kürzer mache, weil der neue Kaddoffelacker jàà sonst gàr kàà Sonn àbkrieje däät. Wenn er sei Land net optimal nutze dürft, dann könnter ess Buch baald zumache.

Dem Sieschfried sei CPD wàr jàà eischentlich gàr kàà Bauernpaddei, eischentlisch hàt mer sisch mehr fier die Schaffegänger eigesetzt, die wo morjens nàch Hanau oder Frànkfurt uff die Awweid gefàhrn sin un àmends widder hààmkomme sin. Die Bauern sin mehr durch die SDU vetrete worn. Die CPD hatt àwwer bei de letzte Wàhle die absolut Mehrheit velorn, un einische in de Paddei hàwwe jetzt die Meinung vetrete, dass mer dene Bauern emàl e Guutzie hiwerfe sollt, velleischt könnt mer jàà aach e pààr Stimme von dene ergattern. Ess wàr desweesche logisch, dass de Magistrat empfohle hàt, denÀàtrààch àsenemme.
Unserm naturvebunnene Sieschfried ging's àwwer gàrnet drum, irschendwelsche Intresse zu bediene. Er wàr jà Idealist unn wollt sisch so objektiv wie möschlisch für die Umwelt eisetze.

Deshalb hàt er sisch erst emàl schlau gemàcht unn sisch e dick Buch üwwer die „Auelandschaft unn dere ihr Bedeudung" ausgeliehe. Er is dehinnerkomme, dass die Üwwerschwemmungsfläsche sehr wischtisch sin unn dass mer bloß nix ufffülle sollt, damit sisch des Hochwasser net weider ausdehnt unn àm End noch Wohnbereische üwwerschwemmt wern. Dá iss em Sieschfried erst emàl uffgefalle, dass mer aach in Nidderau jàà schonn e pààr Häuser bedenklisch nàh àn die Nidder gebaut hàt unn aach hier unn dà e bissi uffgefüllt hàt. Auserdem stànd dà noch geschriwwe, dass die Bauern net in de Üwwerschwemmungsfläche dünge solle, weil sonst aach des Schilf unn die annern Planze in de Bach nàch ere Üwwerschwemmung in ihrm Wàchstum gefördert wern unn die Fließgeschwindischkeit velangsàmme. Wenn dann noch die Uferbeplanzung eweggenomme wird, dann krieht net nur de Acker vill Sonn, sondern aach die Bach, unn des Kraut wächst noch schneller. Wàs mecht dann dess Wasser? Ess fließt noch langsammer unn tritt bei stàrkem Reesche noch schneller üwwer die Ufer, so dass mer noch mehr Üwwerschwemmunge hàwwe.

Wie dann die Magistratsvorlààch àn die Stàdtveordnete komme is, is unserm Sieschfried schnell klar worn, dass die Annàhmeempfehlung zwar wohlwollend geescheüwwer dem Bauer ausgefalle is, awwer trotzdem net venünfdisch wàr. Des wollter dann aach in de Fraktionssitzung zum Ausdruck bringe.

E bissi mulmisch issem geworn, wie er geseh hàt, dass die Tachesordnung 25 Punkte umfasst hàt. In de CPD gàbs nemlisch e Üwwereikunft, dass àmends em 11 Uhr die Mess gesunge sei muss, weil die ville Schaffegänger in dere Paddei morjens widder früh eraus musste. Die letzte Punkte sin dann oft im Schweinsgalopp durschgezooche wàrn, weil mer net nochemàl zu ere Sitzung komme wollt.

Nadierlisch wàr „Die Wiss àn de Bach" de Tachesordnungspunkt 25 in de Fraktionssitzung. Schonn beim Punkt 3 is de Sieschfried e bissi unruhisch uff seim Stuhl erumhergerutscht, weil sei Paddeifreunde e halb Stunn driwwer diskudiert hàwwe, ob de neugegründe Meerschweinschenzuchtveein in die Veeinsförderungsrischtlinie uffgenomme wern sollt oder net. Aach üwwer de Punkt 11, ob de schmàle Winkel mit Kobbstàà- oder Vebundstààplaster erneuert oder gànz un gàr geteert wern sollt, is e ganz Stunn diskudiert worn.

Em fümf vor 11 kààm dann glücklisch de Punkt 25 uffs Dabeet. Schonn einische Minude vorher hàwwe unser Maloocher vor sisch higegäänt als wollde se sààche „wànn derfe mern endlisch hààm?".

Außer unserm Sieschfried hatt also kààner groß Lust, jetzt noch weider zu dischpediern, deshalb hàt de Fraktionsvorsitzende gesàcht: „Stimme mer àb!". Bei de Gääner hàt sisch nadierlisch gleisch Erleichderung breit gemàcht, nur de Sieschfried wàr reischlisch bedrebbelt. Unn so is dann die Àbstimmung aach ausgange: Siebzeh zu ààns für die Annàhme.

Em Sieschfried sei àànzisch Hoffnung wàr jetzt, dass die Vorlààch nochemàl in de Ausschuss kimmt, neemlisch de Umweltausschuss, unn dà wàr unsern Sieschfried jàà bekanntlisch de Vorsitzende unn konnt velleischt noch e bissi wàs zerechtbiesche. Àwwer selwer den Ààtrààch zur Üwwerweisung in de Ausschuss stelle konnter im Parlament nadierlisch net, sonst hättem sei Paddeifreunde in de Bobbes geträäde.

Also hätter àm Ààmend vor de Sitzung de Berträàm von de Weiße ààgerufe, mit dem hätter sisch eischentlisch immer ganz gut vestànne unn hàt den e bissi geimpft. Sie hätte jàà schon lang kààn Schobbe mehr zusamme getrunke, unn de Zufall wollt's, dass de Berträàm aach gleisch Zeit hatt, veleischt hàt aach e bissi geholfe, dass de Sieschfried gesàcht hàt, er deet ààn ausgewwe.

De Berträäm hatt jàà aach immer wàs fürn Umweltschutz üwwerisch, wàr net unbedingt en Freund von de Bauern, schonn weiler von Osnabrück nàch Frankfurt unn von dà nàch Windecke gezooche is, unn Dorscht hatter aach kààn. So musst's noch net emàl siwwe Schobbe dauern, bis die zwaa sisch ààanisch wàrn unn de Berträäm àm neechste Àmend de Üwwerweisungsààtrààch stelle wollt.

Unn so kààms dann aach: Die Stàdtveordnete wàrn schonn vorm Punkt 25 zimlisch genervt, weil's schonn weesche dem Meerschweinschenzuchtveein unn dere Erneuerung vom Belaach im schmàle Winkel ellelange Debatte gewwe hàt. Ess wàr schonn nàch elf, wie de Berträäm in die Bütt gange is unn gesàcht hàt: „Seitens der ‚Weißen' gibt es zum Tagesordnungspunkt 25 noch erheblichen Gesprächsbedarf, und angesichts der fortgeschrittenen Stunde beantrage ich deshalb, den Tagesordnungspunkt nochmals ausführlich im Umweltausschuss zu diskutieren".

Des wàr nadierlisch außer beim Sieschfried net im Sinn von de CPD, die wo des Ding eischentlisch vom Disch hàwwe wollt. Àwwer weil se all müd wàrn unn hààm wollde, net genau wussde wie die SDU àbstimmt unn sisch aach ökologisch kààn Offenbarungseid gewwe wollde, hàwwe se schließlisch dem Ààtrààch sesamme mit alle annern zugestimmt.

Die Woch druff kààm die Geschicht dann in de Ausschuss. Die Sitzordnung wàr wie immer: Àn de u-förmische Dische saß unsern Sieschfried als Vorsitzende àn de Stirnseit, rechts vonnem ze erst de Borjemààster, dann die Magistratsleut, annern Stàdtveordnete unn intressierde Bürjer. Links vonnem saaße die Ausschussmitglieder, außerm Sieschfried noch zwaa von de CPD, zwaa von de SDU unn de Berträäm von de Weiße.

Kaum hatt de Sieschfried den Punkt „die Wiss àn de Bach" uffgerufe, meld sisch aach schonn de Berträäm zu Wort:

„Ich habe mich einmal mit der Problematik von Ackerflächen in der Nähe von Flussläufen befasst und dazu ein Buch mit dem Titel ‚Die Auenlandschaft und deren Bedeutung' ausgeliehen. Überschwemmungsflächen sind demnach in mancherlei Hinsicht sehr wichtig für die Natur. Es sollte auf jeden Fall vermieden werden, im Überschwemmungsbereich Auffüllungen vorzunehmen, damit das Hochwasser nicht noch weiter ausgedehnt wird und womöglich Wohnbereiche betroffen werden. Auch in Nidderau wurde teilweise bedenklich nah an die Nidder gebaut, teilweise wurden auch Auffüllungen vorgenommen. Sollten Flächen im Überschwemmungsbereich landwirtschaftlich genutzt werden, so besteht die Gefahr, dass Dünger in den Fluss gespült wird und dadurch die Pflanzen im Flusslauf in ihrem Wachstum gefördert werden, was zu einer Verlangsamung der Fließgeschwindigkeit führt. Auch das Entfernen der Uferbepflanzung mit dem Ziel einer vermehrten Sonneneinstrahlung auf dem Acker fördert auf der anderen Seite auch das Wachstum im Fluss und führt somit ebenso zur Verlangsamung der Fließgeschwindigkeit und daraus folgend zur Ausdehnung von Überschwemmungen. Deshalb sollte aus Sicht der ‚Weißen' auf jede landwirtschaftliche Nutzung der Flächen in Ufernähe verzichtet werden."

Des wàr nadierlich die Mussik, wo unsern Sieschfried heern wollt. Allerdings hàtter aach gemerkt, wie sei Paddeifreunde unruhisch worn sin, unn von de SDU hàt sisch gleisch de Philipp gemeld unn gesàcht, dass der Bauer Müller sein Hof dicht mache könnt, wànner die Wiss net umbreche dürft. Des hàt widder de Bertrààm uffen Plan gerufe, unn der hàt gesàcht, dass des Allgemeinwohl uff jeden Fall höher eizustufe wär wie irschendwelsche Privatintresse.

Em Sieschfried sei Meinung wàr klar, àwwer er hàt erstemàl nix gesàcht, unn die annern zwaa CPDler wusste momendan gàr net, wo dene de Kopp steht. Àà von dene zwaa wàr die Roswidda, unn die hàt gesàcht: „Ich beantrache e Sitzungsunnerbrechung". Des wollde se dann aach all unn de Ààtrààch zur Sitzungsunnerbrechung is dann aach ààstimmisch àgenomme worn unn de Sieschfried hàt gesàcht: „Mache mer emàl e Vierdelstunn e Päusje."

Unserm Sieschfried unn aach de annern kàm des Päusje wie gesàcht ganz recht. Dem Sieschfried hatt nemlisch de Borjemààster, wo jà aach en Paddeifreund vonnem is, schonnemàl in ere annere Ausschußsitzung ganz schee unnerm Disch àns Bàà gedabbt, weil er sisch net so ganz àn des gehaale hàt, wàs in de Fraktion besproche wòrn is. Den blaue Flecke hàtter heut noch. Wànner awwer jetzt während de Sitzungsunnerbrechung sein Beschlussvorschlààch veklickern däät, dann däätem die Schmerze velleischt erspàrt bleiwe. Aach manche von dene annern Ausschussmitglieder wàrn üwwer die Unnerbrechung froh, weil se sisch net ganz schlüssisch wàrn, wie se àbstimme sollde. De Friedhelm von de CPD hatt e ganz schwer Entscheidung zu treffe, weiler jeden Donnersdàäch in de „Gude Quell" mittem Bauer Müller unn noch zwaa annern Kumbels Kàdde gespillt hàt. „Wie kann isch dann dem noch in die Aache gugge, wenn ich em sein Agger ewegnemm!", hàt de Friedhelm gesàcht, „die Aggumende vom Berträàm sin net schlecht, àwwer isch will aach net, dass misch der Müller net mehr ààguckt". Die Roswidda wàr dà annerer Meinung: „Wenn mer uff jedem sei private Intresse Rücksischt nemme dääde, dann hätte mer kaodische Zuständ in Deutschland!". Sogàr de Borjemààster hàt gemàànt, dasser de Friedhelm zwar versteh könnt, àwwer mir sollde uns wirklisch emàl üwwerleesche, wàs uff die Stàdt zukäm, wenn des Hochwasser schlimmer wern däät. Unn des Guutzie für die Bauern sollde mer doch in dem Zesammehang vergesse.

En Aacheblick hàt de Friedhelm dann noch üwwerleescht, ob er sisch net enthalde sollt, àwwer die Freundschaft zu seim Kumbel wàr dann doch stärker.

Unsern Sieschfried hàt jetzt schonn àgefange zu resche-ne: Die Roswidda, de Berträàm unn er sin gääsche den Agger, die annern drei sin defür. Wàs bedeut des jetzt für sein Beschlussvorschlààch, wenn die Àbstimmung unentschiede ausgeht? Bei Stimmegleischheit, so is die Reeschel, is en Ààträàch àbgelehnt. Wie soll de Sieschfried also jetzt àm geschickteste sein Beschlußvorschlàch formeliern? Ob so erum oder annerster erum, eischentlisch isses jàà egal, des spricht sisch jàà sowieso erum, wie des Ergebnis zustand komme is, unn de Ausschuss kann eh nur Empfehlunge gewwe, im Parlament wern die Kàdde dann widder neu gemischt. Erinnern mer uns: Die Magistratsvorlààch wàr zugunste vom Bauer Müller formeliert, unn üwwer die hàt de Ausschuß beràte. Zwaa von de CPD inklusive Sieschfried sin jetzt geesche die Magistratsvorlààch, ja sogàr de Borjemààster hàt umgedàcht.

So kàm's, dass de Sieschfried ruhischen Gewissens sààche konnt: „Da im Ausschuß kàà eindeutische Mehrheitsposition festgestellt wern kann, làss isch jetzt üwwer die Magistratsvorlààch àbstimme: Wer defür is, den bitt isch um's Handzeiche", es melde sisch die zwaa Mann von de SDU unn de

Friedhelm, „wer is degeesche?", jetzt gehn die Finger von de Roswidda, em Bertràäm unn em Sieschfried hoch. De Bestimmunge entspreschend ergänzt de Sieschfried: „Dàdemit is die Magistratsvorlààch bei Stimmegleischheit im Umweltausschuss àbgelehnt unn de Ausschuss empfiehlt de Stàdtveordnetevesammlung, die ‚Wiss àn de Bach' net umzubreche". Jetzt wàr die Kuh àwwer noch lang net vom Eis, weil die Sach jà noch ins Parlament musst.

Die Tradition wollt's, dass die Paddeifreunde sisch nààch de Ausschusssitzung nochemàl bei em Biersche zesammesetze. Wenn die Beschlüss einstimmisch wàrn, wàr die Zusammekunft aach schonnemàl paddeiüwwergreifend, wàs dissmàl àwwer nadürlisch net de Fall wàr, dadefür wàr die Sach zu brisant. So hàwwe unser 3 CPDler middem Borjemààster zusammegesesse unn erstemàl ganz bedrebbelt geguckt. Nàch em dritte Biersche unn e pààr klärende Worte hàt sisch des àwwer widder geleescht.

Um den Friedhelm e bissi uffzuheidern, hàt de Sieschfried folschend Reschnung uffgemàcht: „Mir müsse devon ausgeh, dass die SDU mit ihre siebzeh Stimme im Parlament geschlosse fürn Bauer Müller stimmt. Wenn de Friedhelm noch mitstimmt, sin des àchtzeh. Wenn unser annern Paddeifreunde zusamme mit de zwaa „Weiße" degeesche stimme, dann sin des neunzeh. Isch glaab, dàdemit wär uns all geholfe".

Dàdemit wàrn alle Àwesende zufridde, die ààne aus Üwwerzeuschung, unn de Friedhelm, weil sei Paddeifreunde net bees uffen wàrn unn de Bauer Müller aach nix geeschen hàwwe könnt, weil er seim Ààtrààch zustimme deet.

De Sieschfied hàt jetzt alle annern Stàdtveordnete von de CPD ààgerufe unn dene die Agumende veklickert, warum der Ààtrààch àbgelehnt wern sollt. Sie hàwwes aach all vestanne unn wollde sisch beusche, aach wenn dem ààne oder dere ànnere der Bauer Müller doch e bissi leid getàà hàt. Unn wàs die Stimme von dene Bauern betrifft: Die krieje schonn noch e Guutzie hiegeworfe, unn wenn's nur e pààr Runde àn ihrm Stammdisch sin.

Die Stàdtveordnetesitzung kàm, unn de Punkt „die Wiss àn de Bach" wurd uffgerufe. Alle Stàdtveordnete wàrn anwesend, unn unser vom Ausschuss bekannte Leut hàwwe ihr

Agumende wie aach schonn in de Ausschusssitzung nochemal vorgeträche, nur unsern Friedhelm wàr ruhisch unn hàt nix gesàcht.

Wie net annerster zu erwàrde wàr, is die Àbstimmung 19 zu 18 geesche em Bauer Müller sein Ààtrààch ausgange, de Friedhelm hàt mit de SDU defür gestimmt unn sisch schonn uff de neechste Kàddeamend mittem Bauer Müller unn dene annern zwaa Kumbels in de „Gude Quell" gefreut.

Nur…: De Bauer Müller is seit dere Stàdtveordnetesitzung net mehr in de „Gude Quell" geseje wàrn.

Unn wàs lerne mer dà draus?

Kommunalpolitik is manchmàl komplizierder wie mer denkt, besonners, wenn mer die Gefühle unn eischene Intresse net ausblende kann.

Unn wàs lerne mer noch? Wenn mer de Umweltschutz ernst nemme, helfe mer uns all. Wenn mer àwwer àànzelne helfe, nemme mer de Umweltschutz net immer ernst.

Die Unterschiede der örtlichen Mundarten und die Einflüsse der Lebensverhältnisse auf die Sprache

Bis zum Übergang vom Feudalismus zur bürgerlichen Gesellschaft und an vielen Orten noch viel länger war der Arbeitsplatz identisch mit dem Wohnort. Die von Bauern und Handwerkern geprägten Strukturen hatten in den weitgehend isolierten dörflichen oder kleinstädtischen Gemeinschaften neben vielen Eigenarten eine eigene, sich vom Nachbarort deutlich unterscheidende Sprache entstehen lassen.

Erhard Bus untersucht in seinem Beitrag auf S. 68 ff., wie es zu den Eigenarten des Windecker Dialekts gekommen ist. Verdeutlichen möchte ich die Unterschiede am Beispiel der Dialekte, die in den heutigen Nidderauer Stadtteilen Windecken und Heldenbergen gesprochen wurden. Der Heldenberger Dialekt ist mehr noch als der Windecker an der Wetterau orientiert. An dem Satz „„Kommt erjenn ihr Kjenn, soin nòch mieh Kjenn hjenn", den Windecker kreiert haben, um ihre Heldenberger Nachbarn auf die Schippe zu nehmen, lassen sich die Unterschiede deutlich machen. Was auf Hochdeutsch „Kommt herein, ihr Kinder, es sind noch mehr Kinder drinnen" heißt, lautet auf Windeckerisch: „Kommt erenn ihr Kenn, soin nòch mieh Kenn henn". Die Windecker „Onnerhoos" (Unterhose) wäre in Heldenbergen eine „Innerhuase". Weitere Beispiele finden Sie auf S. 37.

Die Unterschiede von Ort zu Ort verdeutlicht ein weiteres Beispiel. Vergleicht man den Windecker Dialekt mit dem im nur drei Kilometer entfernten Schöneck-Kilianstädten, fällt eine „besondere Besonderheit" auf: Wird das kleine Küchenmesser nämlich sowohl in Windecken als auch im weiten Umkreis als „Kneipsche"[1] bezeichnet, so ist es in Kilianstädten ein „Ulzie". Viele fragen sich völlig zu Recht, wie es dazu kommt, dass im Nachbarort ein Wort Verwendung findet, das nicht die geringste Ähnlichkeit mit dem „Kneipsche" hat. Da auch mein „alter Kumpel" und „Ur-Steeder" Werner Ebert und alle seine Kilianstädter Bekannten keine Antwort auf diese Frage wussten, kam ich auf die Idee, beim ehemaligen und langjährigen Schönecker Bürgermeister, dem Kilianstädter Erwin Schmidt, nachzufragen. Dieser zeigte sich sehr hilfsbereit, wusste die Antwort aber auch nicht auf Anhieb. So lief er noch mit dem Telefon in der Hand zum Bücherregal und schaute in der Veröffentlichung „Unser

Kilianstädter Deutsch" von Erwin Ungermann nach, ob sich dort eine Erklärung findet. Tatsächlich ist das Wort „Ulzie" darin aufgeführt, allerdings ohne Hinweis auf die dialektgeschichtliche Herkunft. Es wird lediglich erklärt, dass es sich um ein „kleines Küchenmesser", auch „Kneipsche" genannt, handelt und dass es den Ausdruck „Ulzie" offenbar nur in Kilianstädten gibt. Erwin Ungermann selbst konnte ich leider nicht dazu befragen, da ich von der Schönecker Buchhändlerin Carmen Helbig erfuhr, dass er sich zur Zeit im Ausland aufhält. Weil auch französische, jiddische und andere fremdsprachliche Einflüsse, die unsere heimischen Mundarten beeinflusst haben, nach genauerer Recherche keine eindeutige Erklärung brachten, kann ich mit meinem heutigen Wissensstand leider nur Spekulationen über den Ursprung des Wortes anstellen. Vielleicht ist das „Ulzie" ja in grauer Vorzeit aus einer Bierlaune heraus entstanden, und von den Beteiligten ging eine derart starke Multiplikatorenwirkung aus, dass das Wort bis heute Verwendung findet. Einen noch interessanteren Erklärungsversuch hatte eine Freundin aus Wetzlar parat: Sie meinte, ein „Kneipsche" sei doch ein nützliches „Utensil", somit könnte das „Ulzie" mit dem französischen Wort „util", von dem der Begriff „Utensil" abgeleitet ist, zu tun haben.

Bezüglich der Herkunft des Wortes „Kneipsche" ist eine Verbindung zum englischen „knife" (Messer) sehr naheliegend.

Die Veränderung der ortsgebundenen Dialekte begann mit der Industrialisierung. In den verkehrsgünstig gelegenen Städten, teilweise auch in vormals ländlichen Gemeinden, entstanden größere Betriebe, deren Produkte der dörflich und kleinstädtisch geprägten Produktionsstruktur Konkurrenz machten. Eine zunehmende Zahl der Handwerker und Bauern konnte nicht mehr die selbst produzierten Waren verkaufen, sondern nur noch ihre Arbeitskraft an einen oft weit vom Dorf entfernt tätigen Unternehmer. Da die Städte aus den Nähten geplatzt wären, wenn alle Dorfbewohner zu ihren Arbeitsplätzen in die Städte gezogen wären, wurden die „Transportwege" verbessert, das heißt, es wurden Straßen- und Schienenverbindungen gebaut, auf denen die Menschen vom „Land" in die Stadt fuhren. So entstanden die typischen Pendlergemeinden, zu denen bis zum heutigen Tag auch die Stadt Nidderau mit ihren fünf Stadtteilen zählt.

Mit der Industrialisierung kamen die Arbeiter teilweise von weit her aus allen Himmelsrichtungen in die aufstrebenden

Städte. An ihren Arbeitsplätzen trafen die Windecker auf Kollegen aus Vogelsberg und Taunus, aus der Wetterau und dem Rodgau. Um sich besser verständlich machen zu können, wurden die einzelnen Dialekte immer mehr verwässert, und es entstand so etwas wie der sprachlich „kleinste gemeinsame Nenner". Weil die Städte stetig zusammenwuchsen und viele der umliegenden Gemeinden „geschluckt", das heißt eingemeindet wurden, machte sich dieser „gemeinsame Nenner" auch zuerst in den prosperierenden Städten in Form eines abgemilderten oder „soften" Dialekts breit. Man spricht heute beispielsweise vom „Frankfurter Dialekt". Nur wenn man genauer hinschaut, erkennt man auch hier noch kleinere Reste der ursprünglichen Dorfsprachen, beispielsweise in den nordöstlichen „Wetterauer" Stadtteilen Harheim, Nieder-Eschbach oder Niedererlenbach. Aber auch hier sind die „Ursprachen" schon fast verschwunden. Etwas langsamer schreitet die sprachliche Abmilderung in den entlegeneren Orten voran, weil die „daheimgebliebenen" Familienmitglieder, insbesondere die älteren Menschen, keine Veranlassung sehen, ihre traditionelle Sprache aufzugeben.

Die folgende Tabelle verdeutlicht anhand einiger Beispiele die Unterschiede zwischen der hochdeutschen Sprache, dem Rhein-Main-Dialekt, der Windecker und der Heldenberger Mundart.

Mit dem „Wirtschaftswunder" in der zweiten Hälfte des 20. Jahrhunderts fand eine kleine „Völkerwanderung" in umgekehrter Richtung statt. Die niedrigeren Grundstückspreise gegenüber denen der Großstadt, die verbesserten Verkehrsanbindungen und der größere Erholungswert der Randbereiche führten in einigen „Umlandgemeinden" zu einer regelrechten Bevölkerungsexplosion. Hatten die Gemeinde Heldenbergen und die Stadt Windecken bei der Fusion im Jahre 1970 noch zusammen ca. 5800 Einwohner, so hat heute alleine Windecken mit seinen gut 6400 Einwohnern diese Zahl bereits deutlich übertroffen. Die beiden Nidderauer Gründungsstadtteile haben zusammen heute ca. 12 000 Einwohner, also mehr als doppelt so viele wie 1970. Der Vollständigkeit halber sei gesagt, dass die Gesamteinwohnerzahl Nidderaus im Jahr 2011 mit den später hinzugekommenen Stadtteilen Eichen, Erbstadt und Ostheim bei rund 20 000 lag.

Hochdeutsch	Rhein-Main-Dialekt	Windecker Mundart	Heldenberger Mundart
abholen	àbhole	àbhole	àbhuale
Atem	Adem	Orem	Uarem
bezahlen	bezààle	bezààle	bezoale
Bremse (Insekt)	Brems	Brems	Bremer
du bist	du bist	dou best	dou beast
eben (jetzt)	ewe	ääwe	eawe
einfallen	eifalle	enfalle	eannfalle
essen	esse	esse	easse
gar nicht	gàr net	goar näit	goar naut
geben	gewwe	gewwe	geawwe
gepfiffen	gepiffe	gepeffe	gepeaffe
gerade	gràd	gràd	groad
geschmissen	geschmisse	geschmesse	geschmeasse
gesessen	gesesse	gesesse	geseasse
gewesen	gewese	gewääse	gewease
Hase	Hààs	Hààs	Hoas
Heldenberger	Heldeberjer	Helwischer	Helwischer
herein	erei	erenn	erjenn (ereann)
hinein	enei	enenn	enjenn (eneann)
hinten	hinne	henne	heanne
Hund	Hund	Hond	Hoand
ich	isch	isch	eisch
ist	iss	ess	eass
Kinder	Kinner	Kenn	Kjenn (Keänn)
Leben	Leewe	Lääwe	Leawe
mustern (ankleiden)	musdern	mosdern	moasdern
Mutter	Mudder	Modderr	Moaderr
Öl	Öl	Eel	Eele
Possen	Bosse	Bosse	Buasse
Rad	Ràd	Ràd	Road
Rat	Ràt	Root	Ruat
spritzen	spritze	spretze	spreatze
Unterhose	Unnerhoos	Onnerhoos	Innerhuase
Weg-(Nackt-) schnecke	Schneeschel	Schnääschel	Schnearl

Wie wirkt sich diese Bevölkerungsumschichtung auf die Dialekte aus? Die „Enngeplackte“, wie man die zahlreichen Neubürger auch nennt, tragen natürlich nun in den Umlandgemeinden dazu bei, dass sich auch hier der „kleinste gemeinsame Nenner“ in Bezug auf die Sprache etabliert. Die „Ur“-Dialekte hingegen beschränken sich auf einen harten Kern der in den „Keimzellen“ der ursprünglichen Dorf- und Kleinstadtgemeinschaften beheimateten „Altbürger“. Dabei ist es interessant zu beobachten, dass sich hier eine „Zweisprachigkeit“ der älteren Ureinwohner herausgebildet hat. Einigen älteren Menschen in Nidderau fällt es schwer, hochdeutsch zu sprechen, weil sie sich untereinander weiter im Ur-Dialekt unterhalten. Im Laufe der Jahre haben sie sich aber auch die abgemilderte Form, also die Rhein-Main-Variante, zusätzlich zur „Hardcore“-Mundart angeeignet. Mit dieser begegnen sie auch denjenigen Menschen, welche zu ihnen Hochdeutsch sprechen. Dies sind nicht nur „Enngeplackte“, sondern in zunehmendem Maß auch die Kinder der hier bereits länger ansässigen Bürger. Da die Nidderauer „Soft“-Variante nicht weit entfernt ist von dem, was man unter dem Frankfurter oder auch dem Hanauer Dialekt versteht, wird diese Variante heute von einem sehr großen Teil der Nidderauer Bürger und auch von vielen Bewohnern in anderen Teilen des Rhein-Main-Gebietes und darüber hinaus mit vergleichsweise minimalen Abweichungen gesprochen. Gleichzeitig werden die Ur-Dialekte mit dem Aussterben der älteren Mitbürger in Windecken und vergleichbaren Orten verschwinden. Der Wandel der Mundarten treibt gelegentlich auch seine Blüten, denn je nachdem, in welchem Maß sich der einzelne Ureinwohner dem milderen Dialekt annähert, um so unterschiedlicher sind auch die individuellen Mundartverläufe und die damit verbundenen Sprachgewohnheiten in der örtlichen Kommunikation wahrzunehmen.

Die sprachlichen Unterschiede von Ort zu Ort, welche sich mit zunehmender Entfernung vom Zentrum des Rhein-Main-Gebiets verstärken, haben sich nunmehr in der gesamten Rhein-Main-Region selbst zusehends entschärft, aus den „Hardcore“-Sprachen ist allenfalls ein „Soft“-Dialekt geworden, wenn er nicht sogar gänzlich verschwunden und ins Hochdeutsche übergegangen ist.

Es entspricht aber keineswegs der Realität, wenn man, wie dies einige tun, die mildere „Soft-Variante“ des Rhein-Main-

Dialekts als „hessisch“ bezeichnen würde, denn hinter den imaginären Grenzen des Ballungsraumes haben sich durchaus eigene Strukturen und auch Sprachen erhalten. Die Bewohner rund um den Edersee zum Beispiel können deshalb nur darüber den Kopf schütteln, wenn die rhein-mainische Sprache als hessisch bezeichnet wird. Ihre Sprache unterscheidet sich fundamental von unserem „kleinsten gemeinsamen Nenner“. Die Sprache „hessisch“ existiert also eigentlich gar nicht. Zumindest sollte man zwischen dem Norden und dem Süden des Bundeslandes Hessen unterscheiden, auch wenn es in beiden Regionen selbst deutliche Mundartunterschiede gibt.

Apropos Rhein-Main-Gebiet: Nicht nur unser Ballungsraum geht über die hessische Landesgrenze hinaus, sondern auch unser „Soft“-Dialekt, welcher sich zum Beispiel auch im fränkischen Aschaffenburg und in der rheinland-pfälzischen Landeshauptstadt Mainz und deren Umgebung wiederfindet. Somit wird „südhessisch“ gewissermaßen auch im „Ausland“ gesprochen. Politische Grenzen und Sprachgrenzen sind also nicht immer identisch.

Von Ruhgerieste[1] unn Abberaatkrobbe[2]

Geschichte sowohl im Rhein-Main-Dialekt als auch im Urdialekt mit fremdsprachlichen und hochdeutschen Passagen

Die Famillie Drallap aus Windecke hatt vom Finanzamt iwwer zwaahunnert Euro Erstattung krieht unn wollt von dem Geld ààmàl rischdisch edel in Frànkfurt esse geh. Vonnem Bekànnde hàwwe se des Hodell „Wissbàdener Hof" empfohle krieht. Außer de Mamma unn em Babba Drallap sin noch des Kallsche unn de Obba mitgefàhrn.
Em elf Uhr hàwwe se sisch ins Bimbelliesi gesetzt unn sin em dreiviertel zwelf àm Hauptbàhnhof ààkomme. Noch zeje Minude mit de Trambahn, unn sie wàrn schonn dà.
Àm Eigang sin se von em sehr elegant ààgezoochene Herr emfànge wàrn. Der hàt se nàch em Nàme gefrààcht unn ob se reserviert hädde. Nàchdem se die Gardrob uffgehenkt krieht hatte, sin se zu ihrm Disch geführt wàrn unn hàwwe die Speisekàdde ausgehändischt krieht.
Wie se dà eineigeguckt hàwwe, hätt se baal de Schlaach getroffe: Sie hàwwe kàa Wort vestanne.
„Soupe à l'ail et à la crème", „Assiette de salade accompagnée de charcuterie" oder „Rôti de boeuf ‚Almo' aux oignons" hàt dà gestanne.

Obba: „Wolle däi uns veaasche, eisch denk mir wiern en Frànkfurt unn näit en Timbukdu. Däi hunn jà nòch näit emol Ruhgerieste."
Babba: „Ei do bestelle mer ààfach emol, wàs mer gern esse deere unn gugge emol, wàs dànn bassiert."

Nàch e pààr Minude kimmt de Kellner unn fràcht: „Haben die Herrschaften bereits gewählt?"

Obba: „Isch will Ruhgerieste, om besde met Zwiwwel unn Speckbròcke, wànn's gieht e gruuß Pànn voll, näit su en lombische Deller!"
Babba: „Kerle Obba, benomm disch emol, häi setzt e Fraa om Desch unn dou kreischst luus, als wiersde de Àànsische!"
Mamma: „Dànke, àwwer des Kallsche soll se ierscht bestelle."
Kallsche (*guckt zum Kellner*): „Zehje Fischstäbschen unn e Cola."

Mamma: „Cola gebt's kààns."
Kallsche (kurz vorm flenne): „Dann halt e Limmo."
Mamma: „Isch hätt om läibste Spinààt unn Aajer unn se ierscht en Deller Flaaschbräuhsopp[3] met Roiwe[4] drenn. Se trinke kräi isch en Äbbelsaft."
Obba: „Guggt misch näit suu oo, isch hunn dòch schunn gesaat, dass isch Ruhgerieste hu will, e gànz Pànn voll. Se trinke en goure selwergemààchte Äbbelwoi."
Babba: „Unn isch kräie en Kringel Flaaschwurscht met Kaddoffel unn Buhnegemois[5], urdentlisch Semf debei. Dànn gugge mer emool, òb dàs làngt. Wànn näit, schmiern se mer nòch drei Scheiwe Ladwerjebrut[6], àwwer, wànn se hu, selwergemààcht Ladwerje ausem Abberaatkrobbe. Se trinke kräi isch en schiene kaale gruuße Schobbe."

De Kellner hàt die ganz Zeit debeigestanne middem Block unnem Stift in de Hand, hàt àwwer kàà Wort mitgeschriwwe.

Kellner: „Tut mir leid, meine Dame und meine Herren, aber ich bin nur der deutschen, der französischen und der englischen Sprache mächtig. But perhaps you speak english?"
Babba: „Soin säi jetz gànz iwwergeschnappt? Se ierscht lejese uns häi e russisch oder schinesisch Speisekoart hi, trotzdem bestelle mir oostennisch unser Esse, unn jetz wolle se aach nòch englisch met uns babbele? Soin mer häi en Frànkfurt oder bei de Àmmis oder wuu? Isch schpiek kàà inglisch, unn däi ànnern häi om Desch aach näit!"
Kellner: „Ich sehe schon, so kommen wir leider nicht weiter. Aber ich werde einmal meine Kollegen zu Rate ziehen, die beherrschen so einige Fremdsprachen!"

Inzwische hatt' sisch schonn im reschpektable Àbstand zum Disch de Kolleeschekreis vom Kellner sesammegefunne unn sisch fràchend ààgeguggt.
Sie konnte sisch offebar aach kààn Reim uff die Spràch mache. Nur e jung Mädsche, die Küchehilf, hàt ààgefange se grinse, so als hätt se voll de Durschblick.
Aach die Kolleesche von dem Mädsche hàwwe gemerkt, dass die ànnersder guckt wie de ràtlose Rest. Unn so fràcht de Kellner: „Verstehen Sie die Sprache etwa?". Des Mädsche lacht unn sàcht: „Es handelt sich um einen ziemlich derben

Dialekt, welcher in meinem Heimatort Bleichenbach, das liegt in Richtung Vogelsberg, ähnlich gesprochen wird. Wenn Sie nichts dagegen haben, werde ich mich der Herrschaften annehmen.". „Gut", hàt de Kellner geantwort, „dann ziehen Sie sich am besten die Kellnerinnen-Garderobe über und nehmen die Bestellung auf."
Fier die „Aime de Cuisine", die Küchehilf, wàr des e willkommen Àbwechslung. Also hàt se sisch umgezooche unn is zum Disch von dene Drallaps gange.

Küchehilf: „Goude sesàmme!"
Die Drallaps (im Chor, e bissi erschrocke): „Goude!"
Obba: „Endlisch emol ààns wu deutsch babbelt. Wu kimmste dànn her, moi Mädsche?"
Küchehilf: „Vo Blaaschebach."
Babba: „Ei dàs ess jà goar näit su weit furt vo uns, (lacht) do soin mer uns velleischt jà schunn emol uffem kaale Märt en Orteberg[7] begäjent?"
Küchehilf: „Dàs kànn schunn soi. Àwwer do komme jà su vill Leut hi, däi kànnste derr goar näit all merke. Wu kommt ihr dànn her?"
Babba: „Do hosde aach wirrer räächt. Àwwer, mir komme vo Windecke unn mir soin aajentlisch häi hergefoahrn, weil mer gesaat kräit hu, dass mer häi goarschegout esse kennt. Àwwer doin Gallààmes vo Kolleesch leet uns häi e russisch oder schinesisch Koart hi, unn wàmmer uff deutsch bestelle, vestiehter uns nòch näit emol. Ess dàs normal häi?"
Küchehilf: „Enn su viernehme Lokale soin die Koarde mànchmool uff frànzeesisch geschrewwe, unn unsern Dialekt vestieht häi aach näit jeder. Wànn däi häi iwwer die Stàdtgrenz enauskomme, ess dàs schunn beinoh Auslànd fier däi."
Obba: „Seltsàme Gebroich, àwwer mir brommt de Màache schunn wäi làng wäi e Dreschmaschien, isch kennt e ganz Pann voll Ruhgerieste veträà."
Küchehilf: „Deshalb soi eich häi, mir kennter sàà, wàs ihr hu wollt, unn eich iwwersetzes dene dànn."
Mamma: „Suu machemers. Dànn fàng isch gleischemol oo memm bestelle. Also: se ierscht en Deller Flaaschbräuhsopp unn dànn Spinààt unn Aajer[8]. Enn de Sopp hätt isch gern e poar Roiwe. Se trinke nomm isch en Äbbelsaft."

Küchehilf (dut mitschreiwe): „Unn de junge Mànn?"
Kallsche: „Cola krieh isch jà kààns, dà nemm isch halt e Limmo. Unn geb mer noch zehje Fischstäbchen mit Pommes unn Majo."
Küchehilf: „Gieht kluer. Unn doin Babba?"
Babba: „E schie kaalt gruuß Pils. Unn dodezou en Kringel Flaaschwurscht met Kadoffel unn Buhnegemois. Dànn gugge mer emol, òb isch sààt soi. Wànn näit, kräi isch zoum Noochdesch nòch zwaa oder drei Scheiwe Ladwerjebruut, schie met Budder dronner, àwwer nur, wànn die Ladwerje selwer em Abberaatkrobbe engekòcht unn fresch ess!"
Küchehilf: „Eich will seh, wàs sich mache lesst. Unn wàs kräit de Obba?"
Obba: „Isch nomme e gànz gruuß Pànn voll Ruhgerieste met em Berg Zwiwwel unn em Pond Speckbròcke, mir hengt de Mààche bis en de Knäikähle[9]. Unn enn Brànd hunn isch wäi en Ackergaul, stell mer nòch en gruuße Bembel met selwergemààchte Äbbelwoi dezou, unn wànns gieht e bissi zaggisch."
Küchehilf: „Dànke, eich geb die Bestellung moim Chef en de Kich weirer, wäi eich den kenne, wirder sich all die Moih gewwe, dass ihr sefrirre wirrer nooch Windecke kommt."
Babba: „Mach's gout moi Mädsche, dou host uns oarsch geholfe, velleischt sieht mer sisch emol uffem kaale Märt!"
Mamma (guckt en Babba bitterbös von de Seit àà)
Küchehilf: „Ja, velleischt. Macht's gout sesamme!"

Die Küchehilf hàt alles genau uffgeschriwwe. Des Problem is, dass de Koch en Franzoos is unn nur e pààr Brocke deutsch kann. Den „Hardcore-Dialekt" vestehter nadierlich wie alle annern außer de „Aime de Cuisine" aach net. Deshalb is des àrme Mädsche gezwunge, alles ins Franzeesische se üwwersetze unn hàt aach schonn de Langenscheidt[10] geholt. Es musst jà zudem noch schnell geh, damit die Drallaps net so lang uff ihr Esse wàrte müsse. Also hàt die Küchehilf in dem Wörderbuch gebläddert wàs es Zeusch hält unn is aach fündisch geworn. So konnt de frànzeesische Koch losleesche, unn innere gude halwe Stunn wàrer ferddisch. Mit e bissi Stolz kàm dann de Kellner nàch unn nàch mittem Esse àn de Disch. Se erst em Kallsche seins, dann de Mamma ihrns, em Babba seins unn em Obba seins.

Kellner: „Für den jungen Herrn: bâtonnets de poisson avec pommes frites et une orangeade".

Des Kallsche hàt net schlecht gestaunt, sin doch die Fischstäbchen in Form von rischdische Meeresbewohner geformt gewese. Ketchup, Majo unn Pommes kààme in extra Schüsselchen. Zwaa Minude späder kàm de Mamma ihr Esse.

Kellner: „Für Madame: Bouillon de boeuf avec des carottes, épinard aux oeufs et une jus de pomme".

Aach die Mamma konnt net meckern. Die Fleischbrühsupp hàt fast so gut geroche wie dehààm, Gääleriewe wàrn aach genuch drin. De Blattspinàt wàr als klààne Hüüschel genau in de Mitte vom Deller unn des Rührei abbedittlisch runderum ààgericht. De Äbbelsaft nadurtrüb im Gerippde. Gleisch druff kàm de Kellner mit de nächste Làdung ààgelaafe.

Kellner: „Für den Herrn: Rond de cervelas avec pommes de terre et légume de pois. À boire une pils grande. Wie gewünscht werde ich Sie nach dem Hauptgang nach der Realisierung ihres Dessertwunsches fragen, wobei wir diesen mit confiture de prune de la casserole appareil sur pain vorgemerkt haben".

Sogàr de Babba konnt net motze. Die Flaaschwurscht wàr schee mit Kräuder veziert, newerm Deller stand e Dippsche mit Dijoner Semf.

Des Bohnegemies newer de wie gemàlte Pedersilliekaddoffel hàt wunderbar geduft. Rechts denewer stànd e schee groß Tulp mit Pils, de Feldwäwel owedruff wàr wie gemàlt. Àwwer die Krönung kàm jà noch: Fier des, wàs de Kellner jetzt ereigeschleppt hàt, hätt er baald en Schubbkerrn[11] gebraucht. Uff seine Stirn hàt mer dann aach winzische Schwaaßperle geseh, net nur weeschem Gewicht, sondern aach weesche dere haaße Pann.

Kellner: „Für den Grand Père: Une grande poêle de pommes de terre sautées avec un mont des oignons et des carrés de lard. A boire une chope de cidre fait maison. Bon appetit Messieurs Dames!"

So en Bersch Rohgeröste mit Zwiwwel unn Speck hàt de Obba im ganze Lewe noch net geseh. Die Pann hatt' kaum uffen Disch gebasst, die annern musste e Stücksche rücke. Uff jeden Fall hatt's ene prima geschmeckt, aach wànnse net kapiern konnde, warum mer so gude gebräuschlische Sache so kompliziert unn auswärtsmäßisch ààbiete musst. Schließlisch gehert Frànkfurt jà aach zu Hessen, velleischt aach nur e bissi. Wenn mer sisch die Häuser von weidem so ààguckt, kennt mer mààne, mer wär bei de Ammis. Unn wenn mer russisch unn schinesisch, nà ja, velleischt aach franzeesisch schreibt unn babbelt, dann is mer ganz schee international, noch e bissi mehr sogàr wie in Windecke.
Àwwer wie die Rechnung komme is, hàwwe die Drallapps des komplizierte Gedeens doch e bissi vestanne: Die zwaahunnert Euro vom Finanzamt hàwwe nemlisch net gelàngt. Lang net. De Babba hàt sisch gefreut, dasser des Ladwerjebrot ausem Abberatkrobbe net mehr esse musst, weil er sàtt wàr. Fier den Preis dàdefier hätt' mer in Windecke bestimmt 3 Schnitzel esse kenne. Àwwer trotzdem wàrs emal schee unn mer hatt' wàs se erzehle.
Immerhie wàr mer emàl im Wissbàdener Hof gewese unn hàt die nett Küchehilf von Blaaschebach kennegelernt.

Unn wàs lerne mer dà draus?

Mer brauch net weit se fàhrn, um ins „Ausland" se komme. Àwwer mer find aach iwwerall Leut, wo die selb Sprààch babbele, unn mit e bissi Klààgeld lesst sisch sowieso alles reeschele, sogàr kuldurüwwergreifend!

---

1 roh geröstete Kartoffeln
2 Einkochtopf
3 Fleischbrühsuppe
4 Karotten
5 Bohnengemüse
6 Brot mit Pflaumenmus
7 „Kalter Markt" in Ortenber
8 Spinat und Eier
9 „Mir hängt der Magen bis in die Kniekehlen"
10 Wörterbuch
11 Schubkarren

Marktplatz Windecken mit Rathaus, Stiftskirche und Marktbrunnen

Des Kallsche unn ess Viehzeusch

Geschichte im Rhein-Main-Dialekt

Im Kinnergàdde babbele die Kinner gràd üwwer Tiern. Ess Kallsche geht jetzt aach in'n Kinnergàdde unn erzehlt de Mamma de ganse Nàchmiddàch von dem Viehzeusch. Die Mamma denkt sisch, dem fühle mer jetzt emàl uffen Zahn, velleischd kimmter dann emàl uff annern Gedanke.

Mamma: „Kallsche, hàbt ihr aach schonn üwwer Bobbelschen von dene Tiern geschwätzt ?"
Kallsche: „Ja."
Mamma: „Dann sààch isch derr jetzt emàl e pààr Tiern, unn du sàchst mer, wie die Bobbelschen dezu haaße."
Kallsche: „Àwwer fràch misch net üwwer Ameise, dà muss isch flenne."
Mamma: „Ei warum dann ?"
Kallsche: „Isch bass jà schonn uff, dass isch net uff e Ameis dabb, àwwer die Ameisebobbelschen sinn so klàà, die kann isch net seh, unn dà denk isch als, isch deet uff e Ameisebobbelsche dabbe. Unn dann muss isch flenne."
Mamma: „Dà mussde kàà Angst hàwwe, Kallsche, zieh doch emàl en Schuh aus unn guck der die Sohl àà, dann zeisch isch der wàs."
Kallsche (zieht en Schuh aus unn gibt en de Mamma)
Mamma (zeischt em Kallsche die Sohl): „Guck, hier sinn so diefe Rille drin, wenn die Ameisebobbelschen dein Schuh seh, dann schlubbe die ganz schnell in die Rill, unn dann basiert dene gàr nix. Wenn de dann weidergange bist, dann haue die ganz schnell ab unn sin fort."
Kallsche: „Gut, dass die Schuh Rille hàwwe!"
Mamma: „Deshalb hàsde die gekaaft krieht!"
Kallsche: „Danke Mamma, isch hàb misch noch nie so üwwer Rilleschuh gefreut wie heut, isch will jetzt aach kàà annern mehr hàwwe!"
Mamma: „Dehààmerum kannsde ruhisch Schlabbe ààziehe, hier gibt's kàà Ameise."
Kallsche: „Dàdefier gibt's hier velleischd Debbischmilwe."
Mamma: „Ei Kallsche, du hàst jà wirklisch schonn vill üwwer Tiern gelernt, àwwer mir hàwwe nur ganz wenisch Milwe,

unn die sitze ganz unne im Debbisch, so dief sinke die klààne Schläbbschen gàr net ei."
Kallsche: „Nà gut, dà zieh isch halt mei Schlabbe àà, sin jà aach bequemer."
Mamma: „So, jetz will isch àwwer emàl wisse, ob du aach annern Tierbobbelschen kennst. Wàs is dann es Bobbelsche von em Reh?"
Kallsche: „E Bambi."
Mamma: „Unn vonere Kuh?"
Kallsche: „E Kälbsche."
Mamma: „Klasse, unn von em Scheefsche?"
Kallsche: „E Mählemmsche."
Mamma: „Prima. Unn von em Gäulsche?"
Kallsche: „E Fillsche."
Mamma: „Stimmt. Waasde aach, wàs es Bobbelsche von em Hinkel is?"
Kallsche: „E Bibi."
Mamma: „Unn von em Hund?"
Kallsche: „E Hundebobbelsche."
Mamma: „Des kann isch àwwer net ganz durchgeh làsse. Des is en Welpe."
Kallsche: „Des hatte mer noch net im Kinnergàdde."
Mamma: „Net schlimm, des kimmt bestimmt noch. Dann fràch isch disch noch ààns, unn wennde des waast, dann bisde gut: Wie nennt mer es Bobbelsche von em Schweinsche, die sehn um die Füß erum manschmàl so aus wie du."
Kallsche: „Isch waases, des is e Fräggelsche!"
Mamma: „Prima Kallsche, du hàst jà gut uffgebasst. So wie isch disch kenne, sin es Faultier unn es Fräggelsche bestimmt aach dei Lieblingstiern, oder?"
Kallsche: „Nàà Mamma, mei Lieblingstier is e Mussikäffsche."
Mamma: „Ei Kallsche, des hàb isch jà noch nie geheert, wàs is dann des? Gibt's des üwwerhaapt?"
Kallsche: „Ei nadürlisch gibt's des, des hàwwe mir sogàr im Kinnergadde, des sitzt uff de Eckbank."
Mamma: „E Äffsche? Jetzt willste misch àwwer veäbbele. Äffschen gibt's doch bei uns gàr net."
Kallsche: „Mussikäffschen schonn. Die hàwwe zwaa klààne Krobbedeckel in de Händ, unn wenn de hinne de Schlüssel erumdrehst, fange die àà se hübbe unn klobbe die Krobbe-

deckel uffenanner. So mache die Mussik, unn des is lusdisch. Auserdem sin die noch knuddelisch unn beiße net. Deshalb hàb isch die lieb. Wenn mir kàà Mussikäffsche im Kinnergadde hätte, deet isch dà net mehr hiegeh."
Mamma: „Nà, da könne mer jà froh sei, dasses die Mussikäffschen gibt."
Kallsche: „Ja Mamma, unn die Rilleschuh!"

Unn wàs lerne mer dà draus?
In de Fandasie von de Kinner is die Artevielfalt unn des Veständnis für Randgruppe-Tiern vill ausgeprägder wie bei uns Große.

De Fluuch vom Fluuchplatz

Geschichte in hochdeutscher Sprache und im Rhein-Main-Dialekt

De Sieschfried schafft schonn seit zwansisch Jàhrn in Frankfurt uffem Fluuchplatz. Die vorisch Woch hatter sein Stàdtveordnetekolleesch Bertrààm in de „Gude Quell" getroffe, unn die zwaa hàwwe e Gespräàsch üwwern Fluuchplatz ààgefange.

Sieschfried: „Vorgestern hàb isch widder emàl mit meiner Fraa uffem Balgong gesesse. Im Frühjàhr is des nàch de Awweit jà soo schee, wenn de e bissi bei em gude Gläsje Rode die Bàà bambele làsse kannst, disch àn de scheene Blumme unn àn dem Voochelgezwitscher erfreue kannst. Wenn de àm Fluuchplatz des Gedröhn von de Fliescher heerst, dann bisde froh, wenn de dehààm emàl e bissi dei Ruh hàst."
Bertrààm: „Ich glaube fast, lieber Siegfried, dass deine Ohren bereits Schaden genommen haben am Flughafen. Meine Frau und ich bleiben abends nämlich lieber in der Wohnung oder suchen andere geschlossene Räume auf, seitdem die neue Landebahn gebaut ist und wir auch in Windecken mehr Lärm ertragen müssen."
Sieschfried: „Ach komm geh fort. Disch hör isch jà noch ganz gut babbele, dà kann's noch net ganz so schlimm sei mit meine Ohrn. Unn irschendwann àmends heert's jà aach uff mit dene Fliescher."
Bertrààm: „Dann singt aber auch kein Vogel mehr!"
Sieschfried: „Zwischedursch hör isch die Vööschel schonn, unn auserdem mussde immer bedenke, dass außer mir noch 69.999 annern Leut uffem Fluuchplatz schaffe!"
Bertrààm: „Die meisten davon, dich eingeschlossen, haben aber doch auch schon vor der neuen Landebahn und vor der zusätzlichen Lärmbelästigung im Main-Kinzig-Kreis dort gearbeitet. Irgendwann einmal muss doch auch Schluss sein mit der Umweltzerstörung und den Folgen für die Gesundheit der Anwohner durch den Lärm. Als Vorsitzender des Umweltausschusses solltest du das eigentlich wissen."
Sieschfried: „Nadürlisch bin isch für den Umweltschutz, du glaabst jà gàr net, uff wàs die beim Bau von dere Lande-

bahn alles geacht hàwwe. Einische Tierarde sin umgesiedelt wàrn unn ess hàt landschaftsgeschützde Ersatzfläsche gewwe. Unn mit dem Lärm, nadürlisch isses e bissi lauder wàrn, àwwer die Teschnik bei dene Fliescher schreidet jà aach voràn, velleischd wern die jà aach widder leiser. Unn auserdem brauche mer jà die Awweitsplätz."

Berträäm: „Selbstverständlich bin auch ich nicht gegen die Schaffung von Arbeitsplätzen, solange sie die Gesundheit der Menschen nicht gefährden. Auch wenn du noch so viele Ersatzflächen für Pflanzen und Tiere schaffst, ein Stück Umwelt wird auf jeden Fall zerstört. Irgendwann sägen wir uns den Ast ab, auf dem wir sitzen!"

Sieschfried: „So gefährlisch für die Gesundheit kann der Fluuchhafen jà aach widder net sei, wenn mer bedenkt, dass die Mensche net nur weider fort, sonnern aach drumerum immer älder wern. Unn auserdem geht die Bevölkerungszàhl jà in Deutschland immer weider serück. Dà kann's audomadisch nämmehr lang dauern, bis mer kàà neue Start- unn Landebahne mehr brauche."

Berträäm: „Ich glaube nicht, dass wir in absehbarer Zeit einen Rückgang der Flüge zu verzeichnen haben. Im Gegenteil: Durch die wirtschaftliche Globalisierung werden die Menschen zu immer häufigeren und weiteren Geschäftsreisen gezwungen. Ähnliches gilt auch für den Transport der Waren.

Durch die Billigflüge können sich außerdem immer mehr Menschen eine Flugreise in den Urlaub leisten. Dies erhöht den CO2-Ausstoß und die Erderwärmung, die Katastrophe rückt also näher, in einigen Regionen ist sie schon massiv vorhanden, wie du ja auch aus den Medien weißt!"

Sieschfried: „Ess lieht doch àn uns Mensche, vor allem de Polidig unn de Wirtschaft, des Horrorszenario in Grenze se halde. Mit unsere jetzische Teschnik, da gebb isch derr rescht, steuern mir uff die Klimakadastroph zu. Àwwer sowohl die Fliescher als aach die annern Transportmiddel wern doch immer umweltfreundlischer, unn bei de Produktionsweise müsse mer aach mehr druff achde, dass net zu vill CO2 in die Luft gebläàse wird, sowohl in de Industrie als aach in de Landwirtschaft. Deshalb wird jà aach immer mehr uff erneuerbare Energiee umgestellt."

Berträäm: „Das was du sagst ist richtig, aber die Maßnahmen werden meiner Meinung nach zu sehr blockiert, weil weltweit im hohen Maß der Mammon regiert. Denke doch nur an die Ölkatastrophen im Meer, an die Atomkatastrophen in Tschernobyl und Fukushima, die Hungerkatastrophen durch anhaltende Dürre, die verheerenden Überschwemmungen. Sieht man genauer hin, so hängt alles mit der ungezügelten Industrieproduktion zusammen."

Sieschfried: „In ville Länder sin die Wirtschaft unn die Polidig vill zu sehr mitenanner vewàchse. Des wär annersder, wenn vom Volk mehr kontrolliert wern däät. Àwwer dàdezu müsst erstemàl ess entsprechende Bewusstsein dà sei. Des kriehsde àwwer widderum nur dursch Bildung unn Uffklärung hie. Isch glaab àwwer, dass mànche Polidigger unn Wirtschaftsbosse dà gàr kàà Intresse dràà hàwwe unn die Leut bewusst dumm haale, damit dene ihr Profitgier unn ihr Machtbesesseheit net erkannt wird."

Berträàm: „Da hast du wohl recht. Manchmal wünsche ich mir die ‚gute alte Zeit' zurück, jene Zeit vor der Industrialisierung, als die Menschen noch Handwerker und Bauern waren, in ihren Heimatorten nicht nur wohnten, sondern auch dort arbeiteten. Größere Transportwege und -mittel wurden nicht gebraucht, die Umwelt war noch in Ordnung und die Menschen haben ohne Fernseher, Computer und Telefon ihre Freizeit gemeinsam verbracht."

Sieschfried: „Ja, ja, die gut alt Zeit, wo die Schwede ganz Windecke in Schutt unn Asche geleescht hàwwe, wo's Pest unn Cholera gewwe hàt, die Lewenserwaddung bei 35 Jàhrn geleesche hàt, Kreuzzüüsch, Àblasshandel, Inquisition, Hexevebrennung. Velleischd hàwwe die Schwede jà ess Hexehäusje àm Schlossbersch steh làsse, weil se gedàcht hàwwe, sie brauche's noch emàl!"

Berträàm: „Also nimmst du dann doch lieber den ‚Fluch des Flughafens' in Kauf?"

Sieschfried: „Subjektiv geseh gibt's für misch kàän ‚Fluuch vom Fluuchplatz', weil isch jà dà schaffe unn mei Geld vedien. Àwwer objektiv geseh muss mer schonn noch e bissi wàs besser mache, dà sin mir uns jà schonn àànisch unn dà wer'n mer uns nadürlisch sesamme defür eisetze, wenn's aach nur bei uns im klààne Bereisch is, oder wàs màànst du?"

Berträàm: „Gut, dass wir mal darüber gesprochen haben, so machen wir's!"

Unn wàs lerne mer dà draus?

Besser isses, wenn mer alles differenziert unn im Sesammehang sieht unn net zu egoisdisch is, dann kimmt mer de Lösung aach näher.

Vom Hinkelsche uff's Gickelsche

Geschichte im Rhein-Main-Dialekt

Wenn mer jàhrelang sesamme im Bimbelliesi uff die Awweit fährt, dann hàt mer sisch irschendwànn emàl kaum noch wàs se erzehle. So erging's aach dem Friedhelm unn de Roswidda. Irschendwie isses àwwer aach doof, wemmer sisch gääscheüwwer sitzt unn babbelt die ganz Zeit gàr nix mitenanner. Jüngere Leut hàwwe dà e Lösung parat, indem se àn ihrm Handy oder Eifon oder wie die Dinger all haaße erumspille oder üwwer die Ohrstöpsel Mussik vom MP3-Pläjer hörn. Unsere Roswidda unn unserm Friedhelm behaacht der neumodische Kràm àwwer gàr net unn sie störn sisch aach dràà, wenn im Abdeil manche Leut lang unn breit ihr ganz Lääwe uffem Handy durchgewwe. Liewer unnerhaale se sisch ààgemesse gedämpft mitenanner, aach wenn se sisch net mehr vill zu sààche hàwwe nàch all dene ville Jàhrn. Manchmàl ergibt sisch àwwer aach wàs ààfach aus de Siduation eraus. Iwwern Sinn kann mer dà manchmàl schonn streide.

Neulisch hàt uffem Nachbàrsitz widder emàl e jung Meedsche mit ihrm MP3-Pläjer Mussik gehorscht.

Friedhelm: „Die Dochter von meim Nàchbar, dem Wilfried, die hàt aach alsfort so Stobbe in de Ohrn mit em Kordelsche dràà, mit dere kannste gàr nix babbele, die sieht disch noch net emàl."
Roswidda: „Isch hàb geläàse, dass Stobbe doch besser sinn für die Weiflasche als wie Schraubveschlüss, weil de Wei dann besser atme kann."
Friedhelm: „De Obba krieht aach so schwer Luft unn muß ganz schee blààse, der setzt sisch beim Spaziergeh uff jed Bank unn muß erstemàl veschnaufe, sonst geht's net weider."
Roswidda: „Ja ja, uff de Bank kriehste aach kaum noch Zinse."
Friedhelm: „Apropos Zinse, dà muß isch àn Linse denke. Merkt mer des eischentlisch, dass isch gesdern Linsesupp gesse hàb ?"
Roswidda: „Isch muß morje bein Zahnarzt, dà kann isch aach nur Supp esse, des hätter schonn vorher gesàcht."

Friedhelm: „Bein Dokter kannste kaum noch geh, dà musste en Haufe druffbezàhle, baal brauchsde gàr kàà Krankekass mehr."
Roswidda: „Des Öl is aach widder deurer wòrn, dà kannste kaum noch heize."
Friedhelm: „Bei uns derfste nur 30 fàhrn, àwwer dà heize se dursch... ."
Roswidda: „Mir fàhrn mi'm Audo àn die Nordsee in Urlaab."
Friedhelm: „In de Nordsee is widder àn so ere Bohrinsel Öl ausgelaafe, die àrme Vööschel unn die àrme Fisch!"
Roswidda: „Isch hàb geseh, des Kallsche bohrt aach ganz schee in de Nààs, des Fräggelsche!"
Friedhelm: „Uffem Hohe-Stràßefest soll's diesmàl aach Spanfergel gewwe."
Roswidda: „In unsere Stràß solle endlisch die Frostlöscher zugemàcht wern."
Friedhelm: „Hier im Bimbelliesi isses aach manchmàl ganz schee kaalt. Ess wird Zeit, dass mer klimadisierde Züüsch krieje."
Roswidda: „Ja ja, die Klimakadastroph wird immer schlimmer. Baal kann unsern Kackdus uffem Balkong üwwerwindern!"
Friedhelm: „Hàsde schonn geseh, der Sieschfried hàt ewe so en Dreidààchesbàrt, sei Sieschlinde sàcht, der deet steche wie en Kackdus."
Roswidda: „Isch hàb manchmàl so e Steche im Rügge, ob des von dene aale Sitzbänk hier kimmt ?"
Friedhelm: „Dem Gisbert sein Frank sitzt aach widder. Der hätt sisch Haschisch gespritzt unn deet des Zeusch aach vekaafe."
Roswidda: „Des Obst, wàs mer se kaafe krieht, is jà aach alles gespritzt!"
Friedhelm: „Ess wird Zeit, dass isch zum Frühstück àn de Awweit komm, dehààm kann isch so früh noch nix esse!"
Roswidda: „Isch hàb geseh, wie des Fritzi von neewedràà sei Budderbrot fortgeschmisse hàt. Dà hàb isch gesàcht: ‚Ei Fritzi, du wirfst dei Brot fort unn in Biafara hungern se!'"
Friedhelm: „In Afriga is aach heut Mudderdààch."
Roswidda: „Mei Mudder muss ihrn Riwwelkuche dunke, die kaut schonn lang uff de Felsche."
Friedhelm: „In de Audowerkstàtt gibt`s beim wàrte immer

Kaffee unn Kuche, dà krieh isch morje die Winderreife druffgemàcht."
Roswidda: „Gummi is heutsedààch sehr wischdisch, die Elvira von geescheüwwer krieht schonn ihr siebt Bobbelsche!"
Friedhelm: „Früher bin isch zwaa Züüsch speeder gefàhrn, dà mache die Schulkinner en ganz scheene Krach!"
Roswidda: „Uffem Makplatz hàt's aach gestern Krach gewwe. De Bauer Meier wollt dem Albert net glaawe, dass näwerm Sportplatz Tomade so groß wie Fußbäll wàchse."
Friedhelm: „Die Eintracht spillt ganz gut ewe, velleischd steiche die widder uff, die Windecker wenn se Glück hàwwe aach."
Roswidda: „Die junge Leut steische heut aach net mehr uff, wenn die aale gebreschlische kààn Platz mehr finne, aach hier im Bimbelliesi net."
Friedhelm: „De Heinrisch is aach schonn lang dehààm mit seine zwaa Leisdebrüch."
Roswidda: „Heut Àmend muß isch widder mit de Sophie, meim Enkelsche, bruchreschene üwe, die duut sisch in Madde e bissi schwer. Kàà Wunner, die müsse ganz schee wàs leisde in de Schul."
Friedhelm: „Der Uusthemer Maddekuche[1] is de beste, dà kann ààner sààche wàs er will. Den krieje mir Windecker net so hi, des Rezept is jà aach so geheim wie's Cola-Rezept."
Roswidda: „In dem Zuuch is widder so e trocken Luft, isch trink emàl wàs, mir sinn jà gleisch àm Hauptbahnhof."
Friedhelm: „Siehste, Roswidda, mir brauche gàr net so Stobbe mit em Kordelsche in de Ohrn, mir zwaa kenne uns immer widder intressant unnerhaale."
Roswidda: „Mir sinn halt noch kommunikadiever wie die junge Leut! Mach's gut bis heut Àmend!"
Friedhelm: „Tschöö bis dann."

Unn wàs lerne mir dà draus?
Kommunikation unn Zwiegespräsche hàwwe net immer wàs mitenanner se duun, jedenfalls net direkt.

1 Ostheimer Käsekuchen. „Uusthemer Maddekouche" ist gleichzeitig der Kosename der Nidderau-Ostheimer

Ist der Dialekt für Kinder schädlich?

Ist es gut oder schlecht für die Kinder, wenn sie Dialekt sprechen? Mit diesem Thema befasste sich Simone Blaß in ihrem Beitrag unter der Überschrift „Kinder mit Dialekt: Sprachbegabte oder Dorfdeppen?". Er erschien am 24. Juni 2011 auf der Homepage von T-Online im Internet in der Rubrik „Eltern, Erziehung".[1]

Viele Eltern glauben, dass ihre Kinder, wenn sie Dialekt sprechen, in der Schule beim Lernen benachteiligt sind und sogar als „Dorfdeppen" diskriminiert werden. Da auch in vielen Berufen der Dialekt verpönt ist, halten die meisten Eltern ihre Kinder frühzeitig von den Dialekten fern.

Professor Horst Haider Munske von der Friedrich-Alexander-Universität Erlangen/Nürnberg aber weist darauf hin, dass es „in der Regel für ein Kind kein Problem ist, mehrere Sprachen zu lernen. Vor allem dann nicht, wenn diese Sprachen mit bestimmten Sprechern verbunden sind. Es besteht also keine Schwierigkeit darin, auf der Straße und auf dem Schulhof genauso Dialekt zu sprechen wie mit den Großeltern, mit den Eltern und während des Unterrichts aber auf das Hochdeutsche zurückzugreifen. (…) Früher war der Hauptgegner der Dialekte die Schule. Das hat sich gewandelt. Heute sind eher die Eltern die Gegner, weil sie für ihr Kind Nachteile befürchten. Ob etwas gesellschaftlich von Vorteil ist oder nicht, das wird nämlich sozial bestimmt. Das heißt, es ist eine Größe, die von außen auferlegt wird. Es kann also durchaus sein, dass Dialektsprechen ‚unvorteilhaft' ist, einfach deshalb, weil es die Umgebung als unvorteilhaft ansieht und so normiert hat."

In Wahrheit aber „macht Dialekt schlau", wie es Professor Wolfgang Schulze aus München ausdrückt, denn „Kinder, die mit einem Dialekt aufwachsen, beherrschen eine innere Zweisprachigkeit. Kein deutsches Kind kann heute noch ohne das Hochdeutsche groß werden. Dafür sorgen neben Kindergarten und Schule auch die Medien. Vom Buch über den CD-Player und den Fernseher bis hin zum Computer. Eltern, die starken Dialekt sprechen, brauchen sich also nicht zu verbiegen. Wichtiger ist es, authentisch zu bleiben, man selbst zu sein." Professor Munske geht sogar so weit, Eltern zu empfehlen, gezielt Dialekt mit den Kindern zu sprechen. „Sonst geht er unter. Nur der natürliche Spracherwerb des Dialekts sichert ihm die Zukunft."

Wenn diese Eltern ihren Kindern zusätzlich den Zugang zum Hochdeutschen leicht machen, ihnen zum Beispiel regelmäßig vorlesen, dann fördern sie ihren Nachwuchs optimal. Sie sichern also nicht nur dem Dialekt die Zukunft, sondern auch ihren Kindern. Viele namhafte Pädagogen sind sogar der Meinung, dass man den Gebrauch des Dialekts auch in der Schule unbedingt fördern sollte, denn „hierdurch wird dem Kind viel plastischer klar, was eigentlich die Strukturen der Hochsprache ausmacht und wie diese bewusster eingesetzt werden können, wodurch das Sprachverständnis an sich erheblich verstärkt wird", so Professor Schulze. Mehrsprachigkeit bei Kindern, auch wenn es sich „nur" um Dialekt und Hochsprache handelt, fördert außerdem die Toleranz und das Verständnis gegenüber Fremdsprachen und damit auch das Sozialverhalten.

Germanistikprofessor Karl-Heinz Göttert zieht ein sehr optimistisches Fazit bezüglich des Dialekts: „Die Mundarten bleiben uns erhalten – nicht zuletzt, weil wir uns in unserer globalisierten Welt nach ein bisschen Heimat und Zugehörigkeit sehnen."

Doch auch wenn der Dialekt mehr als nur romantisch und folkloristisch ist und eine „perfekte Eintrittskarte für den Erwerb weiterer Sprachen darstellt", so Simone Blaß, muss man doch feststellen, dass die ursprünglichen, also die „Ur-Dialekte", nur noch auf dem sogenannten „flachen Land" gesprochen werden. In den industrialisierten Ballungsräumen hingegen wird die Mundart immer mehr verblassen und allenfalls einen Rest an abgemilderten Sprachformen übrig lassen, welche noch eine gewisse Heimatverbundenheit zum Ausdruck bringen. Bei den meisten Kindern ist in den Ballungsräumen sogar kaum noch etwas von Dialekt zu erkennen. Der Rückgang der „ursprünglichen Dialekte" und überhaupt des Dialekts bei den jüngsten Mitbürger(inn)en ist gerade in Nidderau augenscheinlich.

---

1 Simone Blaß: „Kinder mit Dialekt: Sprachbegabte oder Dorfdeppen?", T-Online Home (-Eltern, -Erziehung), 24.06.2011.

Em Bimbelliesi[1]

„uffgeschnappt".
Geschichte im Urdialekt

Neulisch soi isch mem Bimbelliesi nooch Frankfurt gefoahrn. Wäi sisch speerer erausgestellt hot, woarn däi ànnern Leut em Abdaal alles Beamde unn Oogestellde, wuu sesamme uff irschend e Tachung wollde.

Isch hunn metkräit, dass jeder àànzelne von dene Oogestellde aach e Foahrkoart hatt. Däi ungefiehr zehje Beamde hatte àwwer nur àà àànzisch sesàmme. Däi Oogestellde hunn dodriwwer nur de Kobb geschiddelt un sisch hààmlisch gefreut, dass däi arrogànte Beamde endlisch emol ààns uff die Kabb kräie.

Uff ààmol kreischt ààner von dene Beamde: „Achtung, de Schaffner kimmt!" Wäi uff Kommàndo soin alle Beamde uffgehebbt un hunn sisch durch däi schmààl Dier uff de Abee gezwengt. De Schaffner kimmt un kontrolliert die Oogestellde. Wäi er sieht, dass de Abee besetzt ess, kloppt er oo die Dier un säät: „Die Fahrkarte bitte!" Doodruffhie schiebt ààner vo dene Beamde die Foahrkoart onner de Dier dursch, unn de Schaffner guckt se sisch oo, schiebt se wirrer sereck, säht „Danke!" unn mescht sefrirre weirer.

Uff de Reckfoahrt, de Deiwel wollt's, setz isch schunn wirrer met dere Baggaasch sesamme. Isch kräie met, dass die Oogestellde jetz den selwe Trick oowende wollde. Allso hunnse aach nur àà àànzisch Foahrkoart gekaaft, hunn àwwer aach gànz bleed geguckt, weil se metkräit hu, dass die Beamde dissmol iwwerhaapt kàà Foahrkoart harre.

De Zuuch fiehrt suu vier sisch hi, uff ààmol kreischt wirrer ààner vo dene Beamde: „Basst uff, de Schaffner kimmt!" Wäi uff Kommàndo stierze dissmol die Oogestellde uff de Abee un schläise sisch enn. Unn wàs mache die Beamde? Däi laafe ganz gemoitlisch uffs ànnere Klo. Bevier àwwer de letzte Beamde die Dier hinner sisch zou mecht, klobbt er bei de Oogestellde oo unn säät: „Die Fahrkarte bitte!"

Un wàs lerne mer do draus?

Oogestellde gugge sisch zwar suu mànches vo de Beamde àb, àwwer rischdisch vestieh doonse se näit!

00

Im Bimmellies'chen[1]

„aufgeschnappt"
Geschiche auf Hochdeutsch

Neulich bin ich mit dem Bimmellies'chen nach Frankfurt gefahren. Wie sich später herausgestellt hat, waren die anderen Leute im Abteil alles Beamte und Angestellte, die zusammen auf irgendeine Tagung wollten.

Ich habe mitbekommen, dass jeder einzelne von den Angestellten eine Fahrkarte hatte. Die ungefähr zehn Beamten aber hatten nur eine einzige zusammen. Die Angestellten haben darüber nur den Kopf geschüttelt und sich heimlich gefreut, dass die arroganten Beamten endlich einmal „eins auf die Mütze" bekommen.

Plötzlich schreit einer der Beamten: „Achtung, der Schaffner kommt!" Wie auf Kommando sind alle Beamten aufgesprungen und haben sich durch die schmale Tür auf die Toilette gezwängt. Dann kommt der Schaffner und kontrolliert die Angestellten. Als er dann sieht, dass die Toilette besetzt ist, klopft er an die Tür und sagt: „Die Fahrkarte bitte!" Daraufhin schiebt einer der Beamten die Fahrkarte unter der Tür hindurch, der Schaffner schaut sie sich an, schiebt sie wieder zurück, sagt „Danke!" und läuft zufrieden weiter.

Auf der Rückfahrt, der Teufel wollte es so, sitze ich schon wieder mit diesem „Gesindel" zusammen. Ich höre, dass die Angestellten jetzt den selben Trick anwenden wollen. Also hatten sie auch nur eine Fahrkarte gekauft, haben aber auch ganz blöde dreingeschaut, als sie mitbekommen haben, dass die Beamten diesmal überhaupt keine Fahrkarte besitzen.

Der Zug fährt so vor sich hin, plötzlich schreit wieder einer der Beamten: „Passt auf, der Schaffner kommt!" Wie auf Kommando stürzen diesmal die Angestellten zur Toilette und schließen sich ein. Und was machen die Beamten? Sie laufen ganz gemütlich zur anderen Toilette. Bevor aber der letzte Beamte die Tür hinter sich schließt, klopft er bei den Angestellten an und sagt: „Die Fahrkarte bitte!"

Und was lernen wir daraus ?
Angestellte schauen sich zwar manches von den Beamten ab, aber sie verstehen sie dennoch nicht richtig.

1 „Stockheimer Lieschen". Die Bahnstrecke von Frankfurt nach Glauburg-Stockheim wird im Volksmund auch „Stockheimer Lieschen" genannt. In einigen Streckenorten wie auch in Windecken ist die Bezeichnung „Bimbelliesi" (Bimmellieschen) ebenfalls gebräuchlich.
Mit „Lieschen" ist die frühere Wirtin der Stockheimer Bahnhofsgaststätte, Liesel Brand, gemeint. Laut mündlicher Überlieferung kommt der Ausdruck „Bimbelliesi" nicht nur von den früheren Bimmelgeräuschen der Bahn, sondern auch daher, dass die Wirtin die Abfahrt der Züge in Stockheim mit einer Glocke ankündigte.
(Siehe auch „100 Jahre Niddertalbahn 1907–2007", herausgegeben von der Arbeitsgemeinschaft Nahverkehr Niddertal „AGNV", Seite 3)

Schnie oder Kombjuder

Geschichte im Urdialekt

Ess Kättsche unn ess Sannsche soin schunn ewisch befreund. Däi wuhne näit nur näwenànner, däi hunn aach alle zwaa ihrn Goare[1] om Bimbelliesi. Seitdem aach des Kättsche Witfra[2] ess, ess die Freundschaft nòch gewàxe. Wànn se ihr Ärwed em Goare geschafft hu, setze se alsemol vier ààner vo ihre Goardehedde uff de Bànk unn vezehle sisch von froiher.
Viergesden woars emol wirrer suweit. Ess Sannsche hatt e Flasch Cola debei unn hot gesaat: „Isch gewwe ààn aus".
Em Kättsche woar schunn die gànse Juhrn iwwer uffgefalle, dass näit nur emm Goare, nàà, aach emm Feld unn uff de Gass kaum nòch Kenn se seh soi.

Kättsche: „Dàs kànn dòch näit nur do droo laie, dass die Geburde sereckgieh weil heutsedààch alle zwaa schaffe gieh misse im die Miet bezààhle se kenne unn kàà Zeit mieh fier die Kenn do ess."
Sannsche: „Wànn isch vom Balgong enàbb uffen Schoulhof guck, dànn seh isch e gànz schie Gewimmel enn de Pause unn hiern aach e gànz schie Gekresch. Dàs wier jà näit su, wànn's kàà Kenn mieh geeb. Gääjeiwwer froiher soin doo àwwer gànz schiene Mobbelschen debei, dàs fällt uff."
Kättsche: „Wäi moin Kall nòch do woar, soin mir alsemol emm Boicher Wääg[3] spaziern gànge. Emm letzde Wender, den wu mer sesàmme harre, dàs woar zwaadausendfimf uff zwaadausendsex, do hot su vill Schnie gelääje, dass mer koum laafe konnde. On de Sirzwiss[4] unn oo de dreizeh Nußbeem[5] wier zou moiner Kendheid alles voll met Kenn gewäse, wu Schniemenner gebaut härre unn Schlidde gefoahrn wiern. Àwwer màànsde dànn, mir härre àà àànsisch Kend on dem wirklisch schiene Dààch geseh, wu sugoar die Sonn erauskomme woar?"
Sannsche: „Ei wu woarn däi dànn do all?"
Kättsche: „Isch glaawe, dàs hengt met de Teschnik sesàmme. Die Dààche woar isch bei moine zwaa Enkelschen, de Sophie unn em Sebastian, isch glaab, däi hunn goar näit gemerkt, dass isch do soi. Debei hatt isch jedem e Tafel Schuggelààd metgebroocht. Däi zwaa hunn uffem Schässlong sesàmmegesesse unn jeder hatt su e schmààl Kästsche

enn de Hànd, wäi e Mischung ausem Daschereschner unn em klààne Fernseh. Do hunn däi alsfurt drufferimgedreckt unn ess hot alsemol su gepiepst. Gebabbelt hunn däi koum metenànner. Nur alsemol hot ààner gesaat ‚isch hàb schonn 77' oder ‚so-unn-so-vill Punkte'. Debei woar oo dem Dààch es schinnste Werrer drause unn mer hätt enausgieh kenne!"
Sannsche: „Waasde nòch, wàs mir sellemols gespillt hu? Unser Eldern hunn uns enausgeschmesse, wànn schie Werrer woar unn mir harre die Hausuffgààwe firdisch. Isch waaß nòch, wäi mer met de Bouwe aus de Nàchberschaft zou de Fra Buchhold enn Lààre gange soi unn hunn uns Guutzdodde[6] gewwe losse, dànn soi mer enn's Kinno bei de „Goure Quell" gange, do hunn mer e Roll Entrittskoare kräit. Aus dene Guutzdodde hunn mer uns Kasbelbobbe gebasdelt, dànn soi mer enn unser ‚Häusi' enn de Hägge gääjeriwwer vom Friedhof oo de Hààner Schossee[7] gànge, hunn e Wäschsaal gespànnd unn e Kolder[8] driwwergeschmesse, die Entrittskoare vedaalt unn Kasbeltheààder gespillt bisses dunkel woarn ess. Dehààm hummer dànn unser Dräsch kräit weil mer zou speet zoum Omendesse komme soi."
Kättsche: „Dàs waaß isch aach nòch genau, isch durft jàà aach Kasbeltheààder spille, unn kààner vo uns hatt vierher gewesst, wàsser aajentlisch spille kennt. Mir hunn druff luus geschpillt, wàs uns gràd enn de Kobb komme ess. Unn dàs stonnelàng. Einische vo uns harre halt e bloihend Fàndasie unn isch mààne, su mànsch ààner vo dene hättse aach heut nòch!"
Sannsche: „Unn es hot kààm von uns geschàdt. Em Gääjedaal: Aus de meisde ess rischdisch ebbes woarn. Mir woarn halt krejadiev, aach speerer enaus nòch. Aach wànn mir alsemol unser Straasch gespillt hu, die Fàndasie woar immer debei. Isch waaß nòch, wäi em Adalbert soi Eldern fier zwaa Dààch zou de Schwiejereldern gefoahrn soi unn de Adalbert ‚sturmfrei Buud' hatt. Unser Klick woar su zwesche sibbzeh unn zwànsisch Juhr aalt. Nadierlisch woarn mer dànn met alle fuffzeh Männlein unn Weiblein beim Adalbert dehààm. Mir hun all sesàmme geleet, dass mer genuch se trinke harre. Gääjeriwwer vo mir hot de Robert gesesse unn denääwer die Stella, des woar soin gruuße Hond.

Isch konnt näit sàà, wàs dàs fier e Rass woar, deshalb hunn isch en emol gefreet, näit den Hond, nadierlisch de Robert.

Er hot gesaat, dàs wier e Mischung ausem Bernhardiner unn em Scheeferhond. Der hot su treu geguggt, do wollt isch nadierlisch aach wesse, wäi der hääßt. Do räuft dòch de Albert ausem Hinnergrund: ‚Ei Bernhard Scheefer'. Mir hunn gekresche fier lache, su ebbes muss ààm ierscht emol enfalle, dàs ess wirklisch Fàndasie!"

Kättsche: „Do hosde rääscht, àwwer isch freje misch alsemol, òb däi Kenn heutsedààch aach su krejadiev wern, wànn däi alles schunn su firdisch enn di Hànd kräie."

Sannsche: „Isch denke, bei goure Kombjuderspille misse däi schunn aach vill noochdenke unn kenne aach ihr Fàndasie spille losse. Nur fehlt do die fresch Loft, die Beweeschung unn die Gemoinschaft zou ànnern Kenn."

Kättsche: „Ääwe hosde wàs rischdisches gesaat. Fàndasie hunn däi Kenn heutsedààch bestimmd schunn, àwwer isch zweifele droo, òb däi aach Rücksischt nomme kenne unn iwwerhaapt ooschdennisch unn friedlisch met ànnern Kenn unn aach met Erwàchsene imgieh kenne, wànn däi's näit rischdisch gelernt hu."

Sannsche: „No ja, emm Kinnergoare unn enn de Schoul gäwwe sisch die Erzieher unn die Liehrer schunn Moih met de Kenn. Àwwer nääwer de Eldern gànz wischdisch soin enn moine Aache aach die Spurtveoine. Do soin se enn de fresche Loft, hunn Beweeschung, lerne met ànnern Kenn imsegieh unn komme näit uff domme Gedànke!"

Kättsche (lacht): „Rääscht hosde, unn unsern Spurtveoin ess de Goare!"

Unn wàs lerne mer do draus?

Veoine unn die fresch Loft soin wischdischer wäi Kombjuder, aach bei Schnie!

1 Garten
2 Witwe
3 Bücher Weg: Windecker Straßenname, benannt nach dem „Büchertal", in dem die Orte Mittelbuchen und Wachenbuchen liegen
4 Sirzwiese, Wiese am Windecker Sirzbach
5 Die dreizehn Nussbäume, Windecker Gemarkungsname
6 Bonbontüten
7 Hanauer Straße, jetzige Eugen-Kaiser-Straße
8 Wolldecke

Erhard Bus

Historisch gewachsene Unterschiede im Dialekt der Nidderauer Stadtteile und benachbarter Orte – Ein Versuch

Vorbemerkungen

Es handelt sich bei den anschließenden Ausführungen um keinen wissenschaftlichen Artikel im strengen Sinne, sondern vielmehr um Gedanken und Überlegungen, wie es gewesen sein könnte, durchsetzt natürlich mit historischen Fakten und begründeten Vermutungen oder Schlussfolgerungen. Deshalb werden häufiger der Konjunktiv (Möglichkeitsform) oder relativierende Vokabeln verwendet, als es in Beiträgen üblich ist, denen eine gründliche Quellenauswertung zugrunde liegt.

Und auch dies ist vorauszuschicken: Die folgenden Überlegungen widmen sich vornehmlich der Windecker Mundart und ihren historischen Grundlagen. Leider gibt es weder Tondokumente noch hat jemals jemand versucht, diesen Dialekt, wie er vor Generationen gesprochen wurde, mittels einer anerkannten Lautschrift festzuhalten. Deshalb ist dieser Aufsatz als Versuch zu verstehen, die zweifelsohne noch heute vorhandenen mundartlichen Abweichungen innerhalb Nidderaus aus der unterschiedlichen Geschichte der Stadtteile herzuleiten.

In Heldenbergen hat man 1989 mit der Aufzeichnung des Mundartstückes „Der Sturm auf das Zollhaus“ einen wichtigen Beitrag zur Dokumentation und zur Bewahrung des heimischen Dialekts geleistet. Für den heutigen Nidderauer Stadtteil Erbstadt erfolgt Ähnliches bereits 1958.[1] Damals interviewte ein Team des Deutschen Spracharchivs (Mannheim) eine 71-jährige Erbstädter Bäuerin („E. R.“) knapp zehn Minuten lang. Die auf Band festgehaltenen und Jahre später publizierten Themen kreisen vorrangig um Tätigkeiten aus dem Bereich der Landwirtschaft sowie um die Kerb und das Kochen. Darin wird bedauert, dass die Frau keine „unverfälschte Mundart“, sondern „eine deutlich frankfurterisch gefärbte Halbmundart“ spräche, obwohl der Ort „etwas abseits von den Hauptstraßen liegt“.[2] Resümierend wird weiterhin festgestellt, dass sich die Erbstädter Mundart „wegen des lebhaften Verkehrs“ nur geringfügig von der in den benachbarten Orten des damaligen Kreises Friedberg unterscheide und somit nicht die alten Territorialgrenzen widerspiegele. Hingegen wird dieser Dialekt, nach Meinung des Autors, stark „durch die städtische Umgangssprache [...] bedroht und erliegt ihren Einflüssen".[3]

Um eine „städtische Umgangssprache" handelt es sich zweifellos bei der Hanauer Mundart. Hans Urff hat in seiner erweiterten Dissertation von 1924, die 1926 im Rahmen der Hanauer Geschichtsblätter erschien, die in der Stadt Hanau gesprochene Mundart dem „der hochdeutschen Schriftsprache näherstehenden Binnenfränkischen" zugeordnet, während er den in den Dörfern der Umgebung gebrauchte Dialekt zur wetterauischen bzw. oberhessischen Mundart zählt.[4] So kommt es, laut Urff, „daß die Stadt Hanau in ihrer Mundart sich nur wenig von dem fast 20 Kilometer entfernten Frankfurt unterscheidet, die nächsten Dörfer bei Hanau dagegen von der Stadtsprache stark abweichen".[5]

Da etwas Vergleichbares bisher für Windecken nicht geleistet wurde, kann man wohl nur ansatzweise nachvollziehen, wie stark sich hier der Dialekt in den letzten Jahrzehnten verändert hat.

Diese Ausführungen stehen zudem unter dem Vorbehalt, dass bisher nur eine partielle Auswertung der Bestände des Stadtarchivs Windecken erfolgt ist. Diese aufwendige, aber unbedingt notwendige Arbeit würde sicherlich noch einige weitere Aspekte aufzeigen und andere, mit Einschränkungen formulierte Vermutungen bestärken.

Der Beitrag setzt sich nicht mit Fragestellungen der Germanistik im Hinblick auf unsere Mundart(en) auseinander, sondern will alleine denkbare historische Gründe aufführen und beleuchten, weshalb der Windecker Dialekt mehr oder weniger deutliche Unterschiede zu dem in Ostheim, im Schönecker Ortsteil Kilianstädten und insbesondere zu dem in Heldenbergen gesprochenen aufweist, da sich die „Urdialekte" dieser drei Orte stärker vom Hochdeutschen abheben als die Windecker Umgangssprache. Dass sie bisweilen härter und urwüchsiger klingen, so die Hypothese, liegt in der über lange Perioden bestehenden verschiedenartigen Entwicklung der Orte begründet.

Bevor diese These weiter verfolgt wird, sollte man zunächst eine Definition des Begriffes „Mundart" oder „Dialekt" des Germanisten Bernhard Sowinski voranstellen: *„Mundart ist*

Der Windecker Marktplatz zu Beginn des 20. Jahrhunderts.
Das spätgotische Rathaus, der imposante Kirchturm und die stattlichen

Bürgerhäuser verleihen dem Ort bis heute sein städtisches Gepräge.
(Foto: privat)

stets eine der Schriftsprache vorangehende, örtlich gebundene, auf mündliche Realisierung bedachte und vor allem die natürlichen, alltäglichen Lebensbereiche einbeziehende Redeweise, die nach eigenen, im Verlaufe der Geschichte durch nachbarmundartliche und hochsprachliche Einflüsse entwickelten Sprachnormen von einem großen heimatgebundenen Personenkreis in bestimmten Sprechsituationen gesprochen wird."[6]

Sowinski nennt also ausdrücklich „hochsprachliche Einflüsse", die einen Dialekt über die Generationen hinweg mit geformt haben. Und genau diese Einflüsse waren in Windeckens Vergangenheit ausgeprägter als in den Orten der Umgebung, wo man in den von den Bedürfnissen der Landwirtschaft bestimmten dörflichen Gemeinschaften abgeschotteter lebte als in einer auf Gewerbe und Handel angewiesenen Kleinstadt, die außerdem über Jahrhunderte die Funktion einer, wenn auch bescheidenen, Residenz oder Nebenresidenz ausübte und als Amtssitz diente.

Burgbau und Stadtrecht

Die Ausgangspunkte, die letztlich die Windecker Mundart mitprägten und sie in der Folgezeit von der in ihrer Umgebung gesprochenen abhoben, waren der Bau der Burg, der um 1260 begann, und der 5. August 1288, als Ulrich von Hanau (um 1255-1306) seinem unbedeutenden Dorf Tezelenheim als erstem in seiner Herrschaft das Stadtrecht verliehen ließ.[7]

Das nun erworbene Windecker Stadtrecht beinhaltete eine Stadtverfassung mit einer mehr oder weniger unabhängigen Verwaltung und Rechtsprechung (Rat). Sie gestattete die Durchführung eines Marktes, berechtigte zum Bau einer Stadtmauer und befreite die ab dato persönlich freien Bürger von einem Teil der Pflichten gegenüber der Obrigkeit.

Nach der Errichtung der Burg begann nach 1288 ein systematischer Ausbau des Ortes mit der Anlage eines Marktplatzes, dem Bau von giebelständigen Bürgerhäusern, einem Judenviertel, breiten Gassen und einer Stadtmauer mit drei Toren zum Schutz des urbanen Gemeinwesens.

Dies erfolgte unter Anleitung der Herrschaft und ihrer Bediensteten, die sich hier niederließen. Ihre Vorgaben setzten Bauleute und andere Handwerker um, die aus der näheren und weiteren Umgebung kamen und von denen manche in Windecken eine neue Bleibe gefunden haben dürften. Die neue Stadt lockte Handwerksmeister und -gesellen an, die hofften, in der jungen Stadt bessere berufliche Möglichkeiten zu finden oder eher in den Meisterstand aufzurücken als andernorts. Und vielleicht förderte die Obrigkeit in dieser Phase die Ansiedlung nachgeborener Bauernsöhne aus der Region, die sich in der jungen Stadt eine günstigere Lebensperspektive versprachen als im dörflichen Umfeld. Sie waren die ersten Neubürger Windeckens, und sie brachten ihre Redeweisen mit, die ihre Spuren im bis dahin bäuerlichen Dialekt der Bevölkerung in vormaligen Tezelenheim hinterließen. Gleiches könnte für die adligen Burgmannen aus der Umgebung gelten, die für die Überlassungen von Gütern die Verpflichtung zur Verteidigung der Burg Wonnecke übernahmen und zeitweise dort Dienst taten.

Begünstigt durch den neuen Status übertraf die Bevölkerungszahl Windeckens bald die der Dörfer ringsum beträchtlich. Im Jahr 1632, zu einem Zeitpunkt, als die Exzesse des Dreißigjährigen Krieges (1618–1648) in unserer Region noch nicht ihren Höhepunkt erreicht hatten, zählte man in Windecken 165 Hausgesäße, womit lediglich die männlichen Bürger mit eigenem Haus, nicht aber Frauen, Kinder, Dienstleute und sonstige „Beisassen" gemeint waren. Hinzu kamen noch 28 jüdische Familien. Windecken hatte somit etwa 900 Einwohner. Ostheim besaß damals 91, Kilianstädten 77 und Bruchköbel 81 Hausgesäße. In diesen Orten lebten damals keine Juden und wohl nur wenige Beisassen. Hingegen war dort der Viehbestand höher als in dem Gewerbestädtchen.[8] Im späten Mittelalter dürfte die Diskrepanz bei der Einwohnerzahl relativ noch größer gewesen sein, leider fehlen dafür entsprechende Angaben.

Am wichtigsten in unserem Zusammenhang ist das mit der Stadterhebung verbundene Marktrecht, erst als Wochenmarkt, 1437 ergänzt durch zwei Jahrmärkte zu Pfingsten und im Herbst. Dieses Privileg förderte das Aufkommen eines Handwerkerstandes ebenso wie das Faktum, dass Windecken bis um 1436 als Zentrum der Hanauer Hofhaltung und Landesverwaltung diente, was potentiell solvente Käufer für hier gefertigte Produkte verhieß.

Aus dem Stadtrecht resultierte zudem eine Ratsverfassung und eine Verwaltung mit einem Stadtschreiber, zwei Bürgermeistern (Rechnungsführer), Räten und Schöffen sowie einem Schultheißen, der hin und wieder auch von außerhalb stammte, wie Bastian Weigel aus Herborn, der ab 1562 in Windecken amtierte.[9] Gleiches trifft auf eine Anzahl von Amtmännern[10] und Kellern zu, die ebenfalls keine Einheimischen waren.[11] Somit unterschied sich der Standard der städtischen Verwaltung bereits seit dem Spätmittelalter merklich von dem der Dörfer, wo noch bis weit in die Neuzeit hinein so gut wie alles mündlich geregelt wurde und meist die wohlhabendsten ortsansässigen Bauern über die Geschicke der Gemeinde bestimmten.

Die früh praktizierte Schriftlichkeit innerhalb der Windecker Kommunalverwaltung lässt sich auch daran ablesen, dass die ältesten Bestände im Stadtarchiv bis ins Spätmittelter zurückreichen, während in den Dörfern die ältesten Unterlagen zumeist erst aus dem Ende des 16. Jahrhunderts (Kesselstadt) oder aus noch späterer Zeit stammen (z. B. Klein-Auheim 1714, Ostheim 1703 oder Niederrodenbach 1688). Ähnliches wie für die städtische trifft auch auf die kirchliche Verwaltung und die Seelsorge zu, die in Windecken ebenfalls ausgeprägter waren als in den kleineren Dörfern der Umgebung. So wirkten hier oft mehrere Pfarrer, und es bedurfte eines gewissen Schriftverkehrs zur Organisation der Almosenkasse, des Spitals oder anderer Stiftungen.

Breite Berufspalette

Aufgrund dieser günstigen Voraussetzungen konnte sich in Windecken eine berufliche Vielfalt entwickeln, die in den nahezu alleine auf die Erfordernisse der Landwirtschaft ausgerichteten Dörfern fehlte.

Im Trauregister des Kirchenbuchs der Reformierten Gemeinde Windecken sind für die Jahre zwischen 1618 und 1632 die Berufe und Tätigkeiten von 79 Personen erfasst, das sind etwa 60 Prozent der namentlich Erwähnten. Hierbei handelt es sich entweder um die Professionen des jeweiligen Bräutigams, häufiger dagegen um die der Väter der Brautleute. Oft wird jedoch anstelle der eigentlichen Profession ein kommunales oder kirchliches Ehrenamt angegeben, was keine Rückschlüsse auf das ausgeübte Gewerbe ermöglicht.

Laut verwertbarer Berufsangaben arbeiteten fünf Männer (9,4 Prozent) in der Nahrungsmittelherstellung und -verarbeitung, acht (15 %) im Bauhandwerk und der Metallverarbeitung, 17 (über 32 %) in der Textilherstellung und 13 (24,5 %) gehörten zur Sparte der öffentlichen Berufe. Einer landwirtschaftlichen Tätigkeit gingen nur drei Personen (5,7 %) nach. Freilich sind im Register nur Hirten genannt, die Bezeichnungen „Bauer“ oder „Ackermann“ finden sich nicht.[12]

Natürlich sind die ermittelten Daten zu dürftig, um auf ihrer Basis absolut gesicherte und abschließende Aussagen zur Wirtschaftsstruktur Windeckens zu treffen. Doch Tendenzen sind unzweifelhaft zu erkennen. Auffällig sind das Fehlen der Benennung „Bauer“ auf der einen und der hohe Anteil an Textil- und öffentlichen Berufen auf der anderen Seite. Bei den genannten Textilberufen darf man einen hohen Spezialisierungsgrad, verbunden mit einem entsprechenden Ausbildungsstand, vermuten. Ähnliches lässt sich für die Berufe Buchbinder, Färber, Kannengießer, Messerschmiede, Rotgießer, Rot- und Weißgerber annehmen. Diese handwerkliche Differenzierung gab es zu jener Zeit außer in Hanau kaum in einer anderen Ortschaft der hanauischen Ämter Bornheimerberg, Bücherthal und Windecken.

Einschränkend ist zu vermerken, dass sich in Windecken möglicherweise kein eigenständiger Handelsstand entwickelte, zumindest verzeichnet das Kirchenbuch weder die Berufe „Händler“, „Handelsmann“ noch „Kaufmann“. Eventuell aber fanden sie im Kirchenbuch deshalb keine Erwähnung, weil man sie nicht mit ihrer eigentlichen Tätigkeit bezeichnete, sondern mit ihrer Stellung beispielsweise als Schöffe, Kirchenbaumeister oder einem anderen angesehenen Ehrenamt.

Händlerfunktionen erfüllten die hier ansässigen Juden, während viele Handwerksmeister die Wochen- und Jahrmärkte vermutlich zur „Selbstvermarktung“ der von ihnen hergestellten Produkte nutzten. Die spezialisierten Handwerker, insbesondere die der Textilverarbeitung, haben gewiss nicht ausschließlich für die städtische Bevölkerung gearbeitet, sondern gleichfalls für die Hofhaltung im Windecker Schloss sowie für die Bewohner in den Dörfern der näheren und etwas weiteren Umgebung, wozu ihnen die Märkte ein geeignetes Verkaufsforum boten.

Daneben zählt das reformierte Kirchenbuch noch andere Berufe auf, die sich in einem bäuerlich-dörflichen Gemeinwesen der frühen Neuzeit nicht oder nur in Einzelfällen finden ließen: Es benennt einen Ludimoderator (Lehrer), einige Wirte, einen Präsenzer (Rechner der Präsenzkasse), einen Procurator (Rechtsvertreter), einen Notar und Gerichtsschreiber, einen Landbereiter (Amtsbote/Polizist), einen Stadtknecht, einen Stadtschreiber und als Bedienstete der Herrschaft einen Keller, einen „Hofmann“ und einen Amtsverweser. Die Anzahl der Beamten wuchs immer dann an, sobald die gräfliche Hofhaltung samt Regierung die Residenzstadt Hanau wegen der Pest verlassen und im Windecker Schloss Quartier nehmen musste.[13] Bei diesen teilweise akademischen Berufen dürfte es sich häufig um Personen gehandelt haben, die von außerhalb zugezogen waren und die ihre Profession nur in einem urbanen Gemeinwesen mit einer entsprechenden Infrastruktur ausüben konnten. Sie brachten genauso ihren Sprachduktus mit wie von auswärts zugewanderte Gesellen, Meister, Brautleute oder Dienstmägde.

Manche dieser „Studierten", höheren Beamten oder gut situierten Handwerksmeister waren sicherlich in der Lage, einen gehobenen Lebensstil zu führen, der die partielle Teilhabe an der allgemeinen Bildung ermöglichte. In einer bäuerlich geprägten Dorfgemeinschaft fehlten die Voraussetzungen für ein von der Norm abweichendes Dasein. Dort war man aufeinander angewiesen und jeder hatte seine Aufgabe, die er nur in Abstimmung und Zusammenarbeit mit seinen Nachbarn erfüllen konnte.

Zudem kann man sich vorstellen, dass die Handwerker und „Dienstleister" geschäftliche Verbindungen nach außerhalb besaßen, um ihre Rohstoffe zu erhalten, Aufträge auszuführen, Kunden zu beliefern oder bestimmte Auskünfte zu erhalten. Dafür war gewiss manches schriftlich zu erledigen oder ein Gespräch nötig, das in einer verständlichen Verkehrssprache stattfinden sollte. Gleiches galt für den Umgang mit der Herrschaft, ihrer Dienerschaft oder den Beamten der Amtsverwaltung. Im persönlichen Dialog mit der Obrigkeit oder ihren Repräsentanten mussten die Windecker sich beim Reden eben etwas anstrengen. Das Gleiche galt im Kontakt mit Reisenden, denn Windecken lag an der Strecke Hanau–Friedberg, weshalb hier die Pferde gewechselt wurden. In den Dörfern fand dieser tagtägliche Umgang nicht statt, denn man blieb weitestgehend unter sich.

Schulbildung

Die städtische Lebensweise und die Bedürfnisse des anspruchsvolleren Handwerks verlangten nach angemessener Schulbildung. Es kann deshalb nicht überraschen, dass eine schulische Ausbildung der Jugend in Windecken recht früh begann. Die erste Erwähnung eines Windecker „Schulmeisters" datiert bereits aus dem Jahre 1391 und nennt einen Hartmann Menchin.[14] Er unterrichtete vermutlich nur die Buben. Die Existenz einer Mädchenschule ist seit dem frühen 17. Jahrhundert belegt, sie könnte jedoch schon wesentlich früher existiert haben.[15] In den umliegenden Dörfern begann der Schulunterricht für Jungen erst Ende des 16. Jahrhunderts.

Auch hinsichtlich der Qualität der Lehrer bestanden deutliche Unterschiede. Während in den Dörfern der Grafschaft Hanau-Münzenberg lange meist lese- und schreibkundige Personen den Unterricht erteilten, die noch ein zweites Amt inne hatten, wie beispielsweise der Glöckner, der Gemeindehirt oder der Ortsdiener, erfolgte er in Windecken mindestens seit der Reformation bis ins 18. Jahrhundert hinein in der Regel von Kandidaten der Theologie, also von akademisch gebildetem Personal.[16]

Gute finanzielle Verhältnisse des Vaters ermöglichten manchem Windecker Bürgersohn eine bessere Schulausbildung und den Eintritt in ein Kloster oder eine akademische Laufbahn, wie Konrad Klessius (Klos), dem ersten protestantischen Pfarrer Kesselstadts und Dörnigheims.[17] Bei dem vermutlich ersten bildlich dargestellten Windecker handelt es sich um Johannes Menger. Er lebte als Ordenspriester im nahe gelegenen Kloster Naumburg und ist im 1514 entstandenen Salbuch auf Knien bettend abgebildet.[18] „Johannes Menger de Wonecken" führt als einziger der acht Mönche[19] einen vollen bürgerlichen Namen, Gilbert Riedesel von Bellersheim war adliger Herkunft, während die anderen neben ihrem Vornamen lediglich noch mit ihrem Herkunftsort benannt werden. Ob man dies als Beleg ansehen darf, dass es sich bei Windecken, zu einer Phase als Familiennamen noch nicht allgemein üblich waren, um ein weiterentwickeltes Gemeinwesen handelte als die anderen genannten Orte, sei dahingestellt. Als einen, wenn auch schwachen Hinweis dafür kann man den vollständigen Namen bei Menger schon verstehen.

Allerdings führte die durch den Dreißigjährigen Krieg verursachte teilweise „Verdorfung" Windeckens dazu, dass die Häufigkeit des Schulbesuchs sowie die Qualität des Lehrpersonals und damit zwangsläufig die des Unterrichts bis zum Ende des 18. Jahrhunderts merklich sanken.[20] Und etwa zur gleichen Zeit wurde der Lateinunterricht für die Chorschüler, die sonntags mit lateinischen Gesängen den Gottesdienst begleitet hatten, eingestellt.[21]

Sieht man davon ab, dass in den kleineren Orten bis vor wenigen Jahrzehnten oft mehrere Jahrgänge in einem Raum unterrichtet wurden, was im größeren Windecken nicht der Fall war,[22] so unterschied sich der Schulunterricht in der Kleinstadt kaum

Illustration aus dem Salbuch des Klosters Naumburg, einem Güterverzeichnis aus dem frühen 16. Jahrhundert. Die Mönche wenden sich nach rechts, zur Darstellung im folgenden Blatt.

Zu ihren Füßen sind die Namen der Patres und Fratres verzeichnet: Als einziger mit einem vollen bürgerlichen Namen firmiert Johannes Menger. (Foto: Hessisches Staatsarchiv Marburg)

noch von dem in den Orten der Umgebung. Eine anspruchsvollere schulische Ausbildung im Vergleich zu der in den Dörfern, die auch später in einer gepflegteren Umgangssprache zu erkennen gewesen wäre, fand nun kaum noch statt. Jedoch hatte sich hierbei schon über Generationen hinweg ein gewisses höheres Sprachniveau verfestigt.

Wahrscheinlich verringerten sich nach 1648 die Unterschiede der Windecker Mundart zu den in den Orten der Umgebung gesprochenen Dialekten, ohne ganz zu verschwinden. Eine Ursache für diese Tendenz lag in den langfristig negativen Folgen des Dreißigjährigen Krieges für die Kleinstadt.

Größter Einschnitt in der Stadtgeschichte

Dieser Konflikt und seine negativen Auswirkungen bedeuteten für Stadt und Burg Windecken den größten Einschnitt in ihrer Geschichte. Ein Zeugnis für die Situation des Amtes und den Standard der Verwaltung gibt uns ein Schreiben von „Rat und Bürgerschaft zu Windecken" an Fürstin Sybille Christine (1603–1686), Witwe von Graf Philipp Moritz (1605–1638), vom Beginn des Jahres 1641. Darin bitten die Absender die Herrschaft, dem Amt Windecken die Zahlung für Kontributionen zu erlassen. Wörtlich heißt es dort: „Jedoch will unß solches ganz unmöglich fallen, in dem das Stättlein ganz ruiniert, verdorben, eingeäschert, und umb ein Geringes noch zu thun, dass die Mauern wohl gar einfallen werden, und gar einem Flecken verglichen werden kann. Und ob schon des Nahmens hatt, dass solches Theil Contribution dem ganzen Ampt zu geschrieben sey, so sindt dessen Flecken ganz zernichtet, im Flecken Ostheimb ist fast kein Unterthan mehr furhanden, der Flecken Eichen ist ganz zernichtet, die wenig uberpliebenen Leuth sind hin und wider zerstreuet, Marköbel ist im gleichen Statu und Übelstandt, daß dahero die ganze Last dem armen verdorbenen Stättlein über den Halß erwachsen thut, und lassen unß die verbrande Herdstätt und den Augenschein Zeugnuß geben. Wie es mit uns selbsten beschaffen, ist dem Gott Erbarmens ..."[23]

Diese eindringliche Zustandsbeschreibung lässt natürlich Rückschlüsse auf die Situation des Windecker Gewerbes zu. Und in der Tat bot es nach dem Dreißigjährigen Krieg ein signifikant anderes Bild als vorher. Die Angaben im Kirchenbuch der Reformierten Gemeinde Windecken, Trauungen 1637–1768, und im Kirchenbuch der Lutherischen Gemeinde Windecken, Trauungen 1684–1722, belegen, dass sich die Gewichte zwischen den einzelnen Sparten des Handwerks merklich verschoben hatten, weil eine Reihe ehemals verzeichneter Berufe seitdem fehlt.

Für die Zeit von 1649 bis 1700 stehen 134 ohne 229 Einträge mit Berufsangabe entgegen. Davon waren 20 Männer im Nahrungsmittelbereich (16,3 %) beschäftigt, 45 im Baugewerbe (36,6%) und jeweils 21 (17,1 %) in Textil- und öffentlichen Berufen. Zehn Angaben (8,1 %) beziehen sich auf eine Tätigkeit in der Landwirtschaft.[24]

Die Auswertung der Trauregister für die Jahre von 1670 bzw. 1684 bis 1710 ergab im Einzelnen folgende Berufsangaben: Schuhmacher (16 Nennungen), Bäcker (13), Zimmerer und Bierbrauer meist in Verbindung mit Bender (je elf), Schreiner (neun), Waldförster (fünf), Leineweber, Weißbinder, Schneider und Metzger (je vier), Schmied, Rotgerber und Maurer (je drei), Bender, Barbier, Knecht, Kuhhirt, Müller, Schlosser, Sattler, Schulbediener, Seiler und Ziegler (je zwei) sowie Färber, Glaser, Glöckner, Ludimoderator (Lehrer), Pfortner, Präsenzer, Steindecker, Wagner und Wirt je einmal. Neue Bezeichnungen oder Berufe gegenüber der Zeit vor der Verwüstung waren Ackermann (dreimal) und jeweils einmal Ackerknecht, Knecht, Chirurg, Hutmacher, Kessler, Landscheider, Schäfer, Soldat, Tagelöhner und Wundarzt.

Eine ganze Anzahl seltener und wohl auch zum Teil anspruchsvollerer Handwerksberufe wie Buchbinder, Hosensticker, Kannengießer, Messerschmiede, Weißgerber, Rotgießer, Säckler, Schnürmacher, Schwarzfärber, Taschenmacher und Teppichkrämer taucht seither in den Taufregistern nicht mehr auf. Hingegen werden nun zwei neue, eine gründliche Ausbildung und hohe Spezialisierung voraussetzende Tätigkeiten erwähnt: Chirurg und Wundarzt. Allerdings könnte mit „Chirurg" und „Wundarzt" die gleiche Person gemeint sein, da beide Begriffe oft dieselbe Profession meinten. Dieser Wundarzt war ein Nicolaus Gebb. Er stammte aus Lothringen und kam 1655 nach Windecken.[25] Weiter ist zu berücksichtigen, dass Wundärzte in der Regel eine handwerkliche Ausbildung bei einem Bader genossen hatten. Es handelte sich also nicht um akademisch gebildete Mediziner. Diese nahmen damals keine chirurgischen Eingriffe vor.[26] Und ein Bader praktizierte schon vor dem Großen Krieg in der Stadt.

Die in Windecken neu vorkommenden Berufe, soweit es sich überhaupt um solche handelte, wogen das Verschwinden ande-

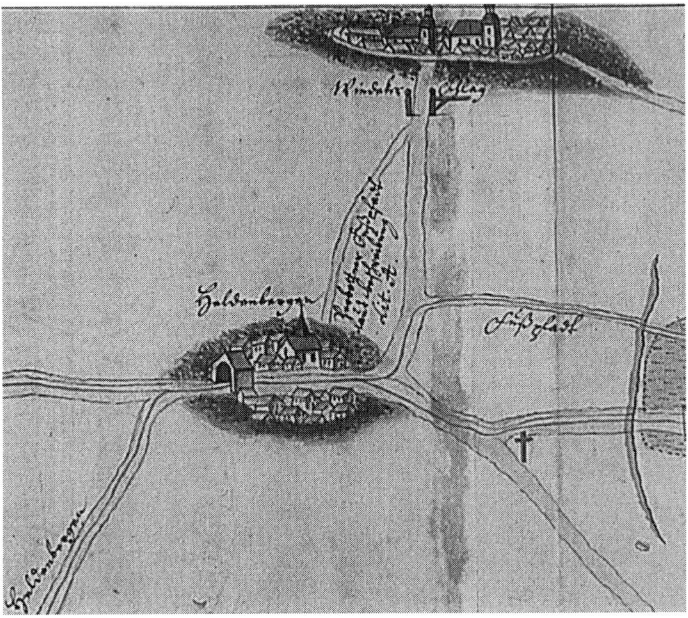

Der Ausschnitt aus einer kolorierten Federzeichnung („Karte Geleitstraße von Glauberg nach Oberdorfelden") mit Geleitsstraße und Fußpfaden aus dem Jahr 1725 belegt die Einschränkungen im „Grenzverkehr" zwischen Windecken und Heldenbergen. Am „Windecker Schlag" musste Zoll bezahlt werden und hinter dem heutigen Nidderauer Rathaus verlief ein „verbottener Fußpfadt". (Foto: Hessisches Staatsarchiv Darmstadt P 1 / 846 1)

rer keineswegs auf. Deshalb ist der Behauptung des Windecker Metropolitans Dr. Carl Henß von 1938 voll zuzustimmen: „Der Dreißigjährige Krieg bereitete der Fülle dieser Berufszweige ein Ende."[27]

Den Hauptgrund für die ungleich schmalere Palette an Handwerkern im Vergleich zur Periode vor 1620 sollte man im mangelnden Absatz für die Erzeugnisse bestimmter Berufe sehen. Die Menschen in Windecken und Umgebung hatten nach den furchtbaren Verheerungen ganz elementare Bedürfnisse und kauften deshalb kaum teure oder gar luxuriöse Waren, sondern erlaubten sich nur unbedingt lebensnotwendige Dinge. Für eine Reihe von Gewerken, die möglicherweise seit vielen Generationen in der Stadt ansässig war, bedeutete dies das Ende. Allerdings florierte jetzt das Bauhandwerk.

Die Auswertung der Berufsbezeichnungen in den Kirchenbüchern und die Umgestaltung von Bürgerhäusern zu Bauernhöfen durch Um- oder Neubau im Marktplatzbereich belegen, dass nach 1648 der Anteil der in der Landwirtschaft Beschäftigten gestiegen ist.[28] Dennoch wurde aus Windecken kein Bauerndorf oder Ackerbürgerstädtchen, dafür hätte alleine schon die recht kleine Gemarkung im Verhältnis zur Bevölkerung nicht ausgereicht.[29] Windecken blieb eine durch gewerbliche Tätigkeit geprägte Kommune, aber auf niedrigerem Niveau als vor 1618, bedingt hauptsächlich durch den Wegfall einiger anspruchsvoller Professionen. Ein Indiz hierfür ist wiederum der Viehbestand. Gab es 1754 in Windecken 19 Ochsen und 35 Pferde, so waren es in den hinsichtlich der Einwohnerzahl deutlich kleineren Orten Eichen 30 Ochsen und 29 Gäule, in Bruchköbel 59 bzw. 5, in Kilianstädten 82 bzw. 6 und in Ostheim 64 bzw. 16.[30]

Das während des langen Konfliktes mehrfach in Mitleidenschaft gezogene Windecker Schloss blieb nach 1648 eine Ruine. Dabei bestand noch zu Beginn des Dreißigjährigen Krieges die Absicht, die Anlage zu einem großzügigen Witwensitz für Catharina Belgia (1578–1648) ausbauen zu lassen, und die ersten Arbeiten waren offensichtlich schon im Gange, wie ein Eintrag im Kirchenbuch belegt.[31] Nach mehrfachen Verwüstungen erwies sich der Zustand des Schlosses aber als so schlimm, dass ein Wiederaufbau nicht in Betracht kam. Ein Teilwiederaufbau erfolgte erst in den 1740er Jahren, als das spätere Amtsgerichtsgebäude errichtet wurde. Jedoch entsprach dies in keiner Weise den Plänen aus den 1620er Jahren, die weit aufwendigere Baumaßnahmen vorsahen.[32]

Windecken hatte damit aufgrund der Kriegsereignisse seine Funktion als Nebenresidenz und Witwensitz endgültig eingebüßt. Eine Hofhaltung, die, wenn auch in bescheidenem Maße, das ortsansässige Handwerk mit Aufträgen bedachte, gehörte somit der Vergangenheit an. Genau dies erlebte Kesselstadt knapp zwei Generationen später mit dem Bau von Schloss Philippsruhe.[33]

Das Fehlen bestimmter Handwerksmeister oder anderer Bürger mit einer anspruchsvolleren Ausbildung und beruflichen Tätigkeit hat sich mittel- und langfristig nicht nur auf die ökonomischen Verhältnisse ausgewirkt, sondern ebenso das gesellschaftliche Leben der Stadt beeinflusst. Es bekam allmählich einen anderen Charakter – mit Folgen für das Sprechverhalten der Windecker, das sich möglicherweise wieder den dörflichen Mundarten annäherte. Daran änderte auch die Zuwanderung neuer Bewohner nichts, die sich kurz vor oder in den ersten Jahrzehnten nach dem Westfälischen Frieden hier niederließen, denn sie kamen wohl einzeln oder in kleinen Gruppen, über einen langen Zeitraum und zudem aus verschiedenen Teilen des Reiches, sodass diese Neubürger kaum Einfluss auf die lokale Mundart nehmen konnten.[34]

Letzteres dürfte ebenfalls für die Dörfer gelten. Diese hatten sogar relativ größere Kriegsopfer zu beklagen als die von einer Stadtmauer umgebene Kleinstadt. Jedoch zeigte sich Windeckens eklatantester Kriegsschaden vornehmlich in der veränderten Wirtschafts- und Berufsstruktur mitsamt den daraus resultierenden Nebeneffekten. Er sollte sich als langwieriger, vielleicht sogar als irreparabel erweisen, während sich die weitestgehend von der Landwirtschaft dominierten Dörfer nach einer gewissen Zeit erholen und ihren alten Stand wieder erreichen konnten.

Das bisher Gesagte trifft auf die Unterschiede der Windecker Mundart zu den Dialekten in allen Orten der Umgebung zu. Eine zusätzliche Besonderheit besteht im Vergleich zu Heldenbergen. da diese Gemeinde bis 1945, ja wenn man will, sogar bis 1970, stets einer anderen Landesherrschaft angehörte, was womöglich einige mundartliche Diskrepanzen noch verstärkte.[35] Die Frage, ob die konfessionelle Zugehörigkeit der Heldenberger Bevölkerung, die im Gegensatz zu Kilianstädten, Ostheim und Windecken zumeist katholisch ist, Auswirkungen auf den lokalen Dialekt hatte, kann eher verneint werden.

Im späten 19. und im 20. Jahrhundert begann ein Nivellierungsprozess unserer Mundarten, der von der Industrialisierung mit Arbeitsstellen außerhalb des Heimatortes, dem Militärdienst, vielfachen Reisen, den Kontakten im Geschäftsleben, der zumeist ortsfernen Ausbildung, dem Zuzug vieler Neubürger sowie dem immer stärker werdenden Einfluss der Medien, um hier nur einige Gründe hervorzuheben, mit verursacht wurde und weiter andauert. Dennoch blieben Differenzen im Sprechverhalten von Stadt und Land bestehen, die im Falle Windeckens sicherlich in der Geschichte und nicht im Heute begründet sind. Folglich ist Hans Friebertshäuser, dem Doyen der hessischen Mundartforschung, beizupflichten, der 1987 feststellte: „Auf dem Land wurde und wird mehr Mundart gesprochen, am intensivsten von der in der Landwirtschaft tätigen Bevölkerung. Allerdings setzen sich städtische Verhaltensformen, Denk- und Lebensweisen auch auf dem Lande immer mehr durch, und dieser Prozeß der ‚Urbanisierung' bewirkt auch die Ausweitung städtisch orientierter Sprachformen."[35]

Der lokale Dialekt ist ebenso eine historische Hinterlassenschaft wie ein antikes Bauwerk oder ein altes Dokument. Es gilt nun, die Reste dieser Heldenberger, Kilianstädter, Ostheimer oder Windecker „Ur"-Dialekte festzuhalten und für die Nachwelt zu bewahren, bevor es zu spät ist.[36]

---

1 Phonai. Lautbibliothek der europäischen Sprachen und Mundarten, hrsg. von der Internationalen Vereinigung sprachwissenschaftlicher Schallarchive. Deutsche Reihe, hrsg. vom Deutschen Spracharchiv Bd. 7, Monographien 2, Erbstadt (Kreis Hanau), bearb. von Heinrich Schudt, Tübingen 1970. S. 189 ff.

2 Schudt, Erbstadt, S. 191.

3 Schudt, Erbstadt, S. 194. Der Autor nennt hierfür als Beispiele nicht nur die größeren Städte Frankfurt, Hanau und Friedberg, sondern sieht die Bedrohung auch durch die in „kleinen Landstädten" übliche Umgangssprache gegeben, was eine These dieses Beitrags bezüglich des Windecker Dialekts unterstreicht.

4 Hans Urff, Mundart und Schriftsprache im Hanauischen, Hanau 1926 (=Hanauische Geschichtsblätter, Bd. 6).

5 Urff, Mundart, S. V.

6 Zitiert bei: Hans Friebertshäuser, Das hessische Dialektbuch, München 1987, S. 20.

7 Für die geringe Bedeutung des Ortes bis zur Stadterhebung spricht etwa, dass die Ostheimer Kirche bis 1489 als Mutterkirche der Windecker fungierte. Im Zuge der Stadtrechtsverleihung übertrug sich der Name der Burg „Wunecke" (Windecken) auf den gesamten Ort.

8 Ernst J. Zimmermann, Hanau – Stadt und Land. Kulturgeschichte und Chronik einer fränkisch-wetterauischen Stadt und ehemaligen Grafschaft (1919), Neudruck Hanau 1978, S. 462 und 464.

9 Carl Henß, Festschrift zur 650-Jahr-Feier der Stadt Windecken, 1938, S. 21.

10 Die Ämter erhielten seit dem Spätmittelalter klarere Konturen und sind Vorläufer der Landkreise. Nach der Gemeinde bildeten sie die nächsthöhere Verwaltungseinheit. Sie erfüllten die Aufgaben der lokalen Verwaltung und unterstanden der Leitung von Amtmännern, die von Kellern unterstützt wurden. Ihre Aufgaben lagen in der Finanzverwaltung, in der Rechtsprechung der 1. Instanz sowie in der Beaufsichtigung der Gemeinden ihres Bezirks. Außerdem sorgten sie für Wege-, Straßen- und Brückenbau, Kirche, Schule und öffentliche Sicherheit. Das Amt Windecken umfasste neben der gleichnamigen Stadt die Dörfer Niederdorfelden, Eichen, Ostheim, Marköbel mit Hirzbach und zeitweise Erbstadt mit der Naumburg. Zeitweise waren auch die Orte um Dorheim und Rodheim dem Amt Windecken zugeordnet, doch dies können wir hier außer Acht lassen.

11 Zimmermann, Hanau – Stadt und Land, S. 946.

12 Erhard Bus, Die Folgen des Großen Krieges – Der Westen der Grafschaft Hanau-Münzenberg nach dem Westfälischen Frieden, in: Der Dreißigjährige Krieg in Hanau und Umgebung, herausgegeben vom Hanauer Geschichtsverein 1844 e.V. anlässlich der 375. Wiederkehr des Entsatzes der Stadt, Hanau 2011 (=Hanauer Geschichtsblätter, Bd. 45), S. 311 f., Carl Henß, Festschrift zur 650-Jahr-Feier der Stadt Windecken, 1938, S. 55, nennt Fenstermacher, Maurer, Schlosser, Schreiner, Steindecker, Weißbinder und Zimmerer, die im Bauhandwerk tätig waren; Bäcker, Bierbrauer, Küfer, Müller und Metzger gehörten zum Spektrum der Nahrungsmittelherstellung und -verarbeitung. Der Bereich der Textilherstellung und Lederverarbeitung umfasste die oder den Hutmacher, Taschenmacher, Säckler, Hosensticker, Schnürmacher, Teppichkrämer, Schuhmacher, Schneider, Scherer (Tuchscherer?) und Leineweber. Bader, Barbiere, Buchbinder, Färber, Kannengießer, Messerschmiede, Rotgießer (sie stellen Gussarbeiten aus Bronze her), Sattler, Seiler, Schwarzfärber, Schmiede und Wagner vervollständigten die umfangreiche Palette. Einschränkend ist zu vermerken, dass einzelne Personen zwei Gewerke ausübten, wie der Buchbinder, der auch die Glocken läutete.

13 Heinrich Bott, Gründung und Anfänge der Neustadt Hanau, 1596–1620, 2 Bde., Hanau 1970-1971 (=Hanauer Geschichtsblätter, Bde. 22 und 23), hier Bd. II, S. 123 und 160.

14 Zimmermann, Hanau – Stadt und Land, S. 226.

15 Zimmermann, Hanau – Stadt und Land, S. 230.

16 Zimmermann, Hanau – Stadt und Land, S. 227 und 237.

17 Jakob Rullmann, Versuch einer Geschichte des Pfarrdorfs Kesselstadt, Nachdr. d. Ausgabe von 1881, Hanau 1999, S. 43 f., über Klessius: „In ihm trat ein Mann an die Spitze der kirchlichen Bewegung dahier, der sich nicht blos durch seine gedruckten Werke einen berühmten Namen erworben und ein hohes kirchliches Amt, die Superintendentur, verwaltet, sondern sich auch um die hiesige Pfarrstelle und Gemeinde die bleibendsten Verdienste erworben hat."

18 Das Salbuch des Klosters Naumburg ist ein reich bebildertes Güterverzeichnis. Heute wird es im Hessischen Staatsarchiv Marburg aufbewahrt (Hanauer Urkunden 1656, Kl. Naumburg 1514, Dez. 5). Vgl.: Suzanne Beeh-Lustenberger, Die Illustrationen des Naumburger Saalbuches von 1514, in: Hanauer Geschichtsblätter 21 (1966), S. 273ff. Zur Geschichte der Naumburg: Michael Müller, Die Naumburg und das Salbuch, in: Erschter Geschichtsbuch. Erbstädter Geschichte und Geschichten aus 775 Jahren, herausgegeben vom Arbeitskreis (AK) „Erschter Geschichtsbuch", Nidderau 2012, S. 53 ff.

19 Bei den anderen Klosterbrüdern handelt es sich um Prior Siffridus von Bergen, Gerdin von Kaichen, Andreas von Bergen, Bechtholdus von Heldenbergen, Dyetherus von Karben und Michael von Altenstadt. Vgl.: Luise Pickert, Grenzsteinsetzung in Kaichen 1514, in: Wetterauer Geschichtsblätter 2 (1953), S. 92.

20 Zimmermann, Hanau – Stadt und Land, S. 228. Im Windecker Presbyterialprotokoll vom 2.11.1768 führt der dortige Prediger Klage über „die Grobheit und Ungezogenheit der Jugend wie über die Nachlässigkeit der Eltern, weil sie ihre Kinder nicht fleißiger zur Schule schickten und zu guten Sitten erzögen. Über den Schulmeister und Glöckner wird geklagt, dass er sein Amt versäume und dem Fischen nachginge, welche unanständig und seinem Amte zuwider wäre."

21 Zimmermann, Hanau – Stadt und Land, S. 223, nennt das Jahr 1769, als für die Windecker Chorschüler noch Lateinunterricht erteilt wurde.
22 Hanau – Stadt und Land. Ein Heimatbuch für Schule und Haus, hrsg. vom Hanauer Geschichtsverein mit Unterstützung der Stadt und des Kreises Hanau, Hanau 1954, S. 191 f. Danach bestanden 1954 in der Volksschule Windecken neun Klassen, in Eichen vier, in Erbstadt drei sowie in Kilianstädten und in Ostheim je sieben.
23 Hessisches Staatsarchiv Marburg 86 Nr. 31139. Bezüglich der Bezahlung der geforderten Kontributionen lässt die Passage „daß dahero die ganze Last dem armen verdorbenen Stättlein über den Halß erwachsen thut" die Vermutung zu, dass die Bürger der Stadt Windecken alleine dafür aufkommen sollten.
24 Nadine Kohnert, Arbeit und Wirtschaft – Wirtschaftliche Entwicklung Windeckens von der frühen Neuzeit bis heute, Statistischer Anhang Abitur-Hausarbeit 2006.
25 Henß, Festschrift 1938, S. 53, und Bus, Die Folgen des Großen Krieges, S. 313 f.
26 Wikipedia-Artikel „Wundarzt" vom 12.1.2011.
27 Henß, Festschrift 1938, S. 55.
28 Frank Schmidt, Städtebauliche Entwicklung, in: Stadt Windecken 1288–1988. Historische Festschrift zur 700-Jahrfeier der Stadterhebung Windeckens, hrsg. vom Magistrat der Stadt Nidderau, Nidderau 1988, S. 134 f.
29 Die Größe von Windeckens Gemarkung betrug 1954 und wohl schon 1648 etwas mehr als 610 ha, bei 165 und 181 Familien in den Jahren 1632 und 1707. Eichen zählte 76 bzw. 95 Familien, hatte aber eine Gemarkung von mehr als 910 ha – bei gewiss nicht weniger ertragreichen Ackerböden. Hochstadt hatte 98 bzw. 102 Familien und eine Gemarkung von mehr 723 ha und Niederrodenbach bei 60 und 62 Familien in den betreffenden Jahren mehr als 1058 ha Gemarkungsfläche, vgl.: Hanau – Stadt und Land. Ein Heimatbuch, S. 508.
30 Zimmermann, Hanau – Stadt und Land, S. 687.
31 Dort heißt es im Trauregister unter dem Datum vom 24. November 1629: „Hat Matthes Kölner, Maurergesell, so aufm Schloss alhie eine Zeitlang gearbeitet, von Underall, in Thüringen bürtig, mit Jungfr. Margrethen, weyland Valentin Vogels Balbirers hinderlassener Tochter alhier Hochzeit gehalten."
32 Hessisches Staatsarchiv Marburg P II 9533. Dieser Bestand enthält neun, wohl auch zum Teil alternative Grundrisszeichnungen zum vorgesehenen Ausbau.
33 Graf Philipp Reinhard von Hanau-Lichtenberg (1664–1712) ließ 1701 den Bau von Schloss Philippsruhe beginnen. Dank dieser landesherrlichen Investition ergab sich für die Kesselstädter eine neue Perspektive: Handwerker bekamen Aufträge, Bauern und Fischer belieferten die Schlossküche und Einheimische arbeiteten für die Herrschaften im Schloss, während die Wirte an der Mainpromenade sich über den gestiegenen Freizeitwert Kesselstadts freuten und an ihre zahlreichen Gäste ausschenkten.
34 Henß, Festschrift 1938, S. 48 ff., und Horst Kohnert, Zur Windecker Familiengeschichte, in: Festschrift 1988, S. 102 f. Zu nennen sind hierbei die Familien: 1642: Reul, 1653: Weider, 1654: Schüler, 1678: Bauscher, 1682: Diegel, 1684: Muth, 1686: Vollmann, 1687: Walther, 1702: Vogel, 1704: Lapp und 1737: Lotz. Die Jahreszahl gibt die Ersterwähnung des Namens im Windecker Kirchenbuch wieder.
35 Während Windecken, wie auch Kilianstädten und Ostheim, seit der Mitte des 13. Jahrhunderts bis weit ins 18. Jahrhundert hanauisch, dann mit

Hessen-Kassel verbunden war und 1866 zu Preußen kam, gehörte Heldenbergen zunächst zum Freigericht Kaichen, anschließend zur Burggrafschaft Friedberg und seit 1806 zu Hessen-Darmstadt. Erst 1970 kam Heldenbergen als Nidderauer Stadtteil zum Kreis Hanau.

36 Friebertshäuser, Dialektbuch, S. 108.

37 Ein Plädoyer für die Bewahrung der Mundart im Allgemeinen und für unsere, pardon die Erbstädter Mundart, im Besonderen hielt der 2013 verstorbene Jürgen Reichhold. Sein Artikel „Mundart und Eigenarten des Erbstädters" ist im rasch vergriffenen „Erschter Geschichtsbuch. Erbstädter Geschichte und Geschichten aus 775 Jahren, hrsg. vom Arbeitskreis (AK) „Erschter Geschichtsbuch", Nidderau 2012, S. 208 ff., erschienen.

De Krätscher unn de Knodderer oder: Enn Steere[1] uffem Spurtplatz

Geschichte im Urdialekt

Sonndàách fier Sonndàách mache sisch de Krätscher unn de Knodderer uffen Wääg enaus zoum Fußball gugge, aach auswärts foahrn se met, wànn's näit zou weit ess.
Neulich en Steere woarn se aach wirrer debei, wäi immer hinnerm Gool vom Gääschner. Diesmol hot näit weit devoo aach nòch en Steerer gestanne, wuu sisch alsemol en dene ihr domm Gebabbel enenngehengt hot.
Schunn komme die Windecker Spiller aus de Kabien: de Kall, de Hoinz, de Kallhoinz, de Ernie, de Bert, de Simon, de Garfunkel, de Friedhelm, unsern Willemm, de Hàns, de Frànz, de Schursch, de Schàà, de Max unn de Moritz woarn uffgeboode.

Krätscher: „Warim spillt dànn de Fritz näit ?"
Knodderer: „Ei der hot's dòch met de Aduktorn."
Krätscher (e bissi speder wäi sonst): „Do woar mei Dòchder aach schunn. Next Juhr flejese uff die Anekdoote."
Knodderer (nochdem er làng en sisch enenn gelacht hot): „Unsern Willemm bleest jàà schunn beim Enlaafe, der brecht mer dòch gleisch sesàmme!"
Krätscher: „Kàà Wonner, der musst jàà wirrer Iwwerschdonn mache bei de Stàdt, der musst die Leut em Roothaus zehle. Unn Durscht hotter aach kààn, do kimmt mer leischt ens Bloose."
Knodderer: „Dem Borjemààster fällt aach nix besseres mie en wäi sei Leut suu en Bleedsinn mache se losse, wäje dem veliern mer des Spill nòch!"
Krätscher: „Des veliern mer suwäisu."
Knodderer: „Warim?"
Krätscher: „Ei guck dr dòch unser Mànnschaft emol oo, de Moritz hot schunn immer die Àbsätz voarne gehatt[2], den deet eisch goarnäit stelle, unn em Hoinz ess beim kebbe de Kobb em Wääg[2], wer soll dann do die Goole mache?"
Steerer (hengt sisch enenn): „Mir soin suwäisu besser wäi ihr!"

Knodderer unn Krätscher (hewe de Schirm): „Merem Maul seid ihr schunn immer die beste, des wesse mer jàà. Seid fruh, dass mir komme soi, sonst hätt ihr euer watzische Brootwirschtschen allààns fresse misse!"
Steerer: „Ihr Windecker Schlesselrabbeler[3] hàbt dòch uf-fem Platz unn velleischd aach nòch denääwer all e Ulzie[4] em Stromp stegge, su kriminell seid ihr dòch!"
Krätscher (zoum Knodderer): „Wàs hunn mir em Stromp? Wàs màànt dànn der Schläächtschwätzer?"
Knodderer (*zoum Krätscher*): „Loss mich emol mache, der màànt e Kneibsche[5], do sààn däi häi Ulzie driwwer. (Zoum Steerer): Bass nur uff, isch hunn e Ulzie[4] su gruuß wäi en Sääwel enstecke, wànn isch dàs eraushol, siehste àwwer schläächt aus, moin Läiwer!"
Steerer (*gebt uff unn lääft furt*). Uff ààmol.
Krätscher unn Knodderer (*kreische*): „Gooool, Goooooooool, Goooooooooool!!"
Krätscher: „Hosde dànn geseh, wäi der Moritz die Vierlààch gewwe hot unn der Hoinz den enenngekebbt hot?"
Knodderer: „Unn des, wuu de ààne dòch die Àbsätz voarne hot un dem ànnere beim Kebbe de Kobb em Wääg ess!"
Krätscher: „E blend Hinkel fend halt aach emol e Koarn, unn dàs ess aach gout suu!"
Steerer (*kimmt sereck un kreischt zoum Schiedsrichter*): „Ei Kerle, des woar dòch klar àbseits, dou Peifekobb, ess Roiwe[6], oder hosde schunn emol en blende Hààs geseh?"[7]
Knodderer: „Loss den Mànn gieh, der peift schunn prima. Wuu hosde dànn iwwerhaabt dein Brell gelosse, scheinboar sieht dòch jeder Maulwurf besser wäi dou. Des woar dòch en Spillzuuch, do tràämt ihr nur devoo!"
Steerer: „Woart's nur emol àb, es Spill ess jàà nòch lang näit firdisch!"
Krätscher (lacht): „Wàs soll dann schunn bassiern, mir hunn dòch all unser Ulzieschen em Stromb!"
Steerer: „Do driwwe em Waald hunn eisch enn gruuse Haf-fe met Saasch-Immse[8] geseh, do kommt ihr gleisch enneän, wànn ihr eusch näit benomme kennt!"
Krätscher (zoum Knodderer): „Der Iwwerrexe[9] babbelt vel-leischt en Kroom, wuu will der uns enennsetze?"
Knodderer: „Däi hunn halt e seltsàm Sprooch enn Steere, moin Nàchber, des Rebbe-Kurtsche, stàmmt aach vo Steere,

SCESW
SCESW

deshalb waas isch, dass der Gallàmes[10] häi en Imetze-Haffe[11] màànt."

Un wäi esses om End komme? Zwaa Minude vier Schluss hunn die Steerer en Elfmeder kräit, wuu nadierlich en de Aache vom Krätscher un vom Knodderer em Lääwe kààner woar (dismool hunn däi zoum Schiri gekresche: „Ess Roiwe..."). Der Elfer woar dànn aach drenn, es Spill ess ààns ààns ausgange, unser zwaa Windecker un de Steerer hunn sesàmme en de Spurtplatzwirtschaft on ààm Desch gesesse, jeder hot e „watzisch" Brootwurscht gesse, wuu dànn uff ààmool nämmie watzisch woar unn rischdisch gout geschmeckt hot, e poar Schobbe gesòffe, unn die „Ulzieschen" soin steggegeblewwe. Aach die „Saasch-Immse" hunn kààns vollgesaascht. Dànn ess mer oostennisch hààmgange. Suu muss dàs sei en klààne Veoine.

Unn wàs lerne mer do draus?

Schie wier's, wànn's bei de gruuße Veoine aach näit vill ànnerschter wier!

---

1 Schöneck-Kilianstädten
2 Aussprüche von Zuschauern am Windecker Niddersportfeld
3 „Windecker Schlüsselrappeler": Kosename der Windecker, für den es verschiedene Erklärungsversuche gibt.
4 Nur in Kilianstädten vorkommender Ausdruck für „Küchenmesser".
5 Ausdruck für „Küchenmesser" in Windecken und der Region.
6 Karotten
7 „Uffgeschnappte" Aussprüche von Zuschauern am Windecker Niddersportfeld
8 Ameisen im Kilianstädter Dialekt
9 Verrückter
10 Scharlatan
11 Ameisenhaufen im Windecker Dialekt

E Tomat su gruuß wäi en Fußball

Geschichte vorwiegend im Urdialekt, „Sieschfried" natürlich im Rhein-Main-Dialekt

Ess Kättsche mooch ihrn Goare om Bimbelliesí oarsch, ohne ihrn Goare deed ere ganz schie wàs fehle. Beinoh jeden Dààch mechtse met ihrm Foahrràd enaus, mànchmol hottse sugoar en Oohenger drohenge, wu se des geernte Gemois[1] unn den Selààt drenn met hààm nimmt, mànchmol aach e poar schiene Blumme fier die Wohnstubb. Seitdem ihrn Kall nämmie do ess, mecht se dàs ganz allààns. Sie hot jà vill Zeit, unn weil Beweeschung unn die fresch Loft gout doot, fiehrt se mànchmol en Imwäg[2] iwwer de Makplatz unn durch's Feld.

Neulisch ess se onnem Agger vebeikomme, do hot se ihre Aache näit getraut: Do soin Tomade gewàchse su gruuß wäi en Fußball! Se ierscht hot se aach gedoocht, ess wiern Fußbäll, weil de Spurtplatz näit weit furt leit, àwwer ruure[3] Fußbäll? Unn gleisch su vill? Beim nehere betràchde hottse geseh, dass en groine Stengel unn groine Blärrer dro woarn. Se hot sisch dànn aach getraut, merrem Daschemesser von der ààne Kuchel e Steck àbseschneire unn hot emol dro geròche. Unn es ess wirklisch wuhr: Des hot nooch Tomat geròche.

Enn ihrm Goare okomme, musst se alsfurt[4] dro denke unn hatt deswääje on dem Dààch goar näit su vill Freud oo ihrm Goare, deshalb ess se baal wirrer furtgefoahrn. Nadierlisch näit gleisch hààm, nàà, sie musst dàs unbedingt nòch uffem Makplatz luus wern, sonst hättse näit rouhisch schloofe kenne.

Uffem Makplatz, su woar se sisch sischer, stiehn immer e poar Mànnsleut en ihrm Alder vierm Loddogeschäft unn erzehle sisch Neuischkeide. Unn sie hatt räächt, su woar's aach dissmol. De Herbert, de Albert, de Adalbert unn de Engelbert woarn do, unn es Kättsche hot aach gleisch bei dene oogehaale.

Herbert: „No Kättsche, wäi gieht's dànn, dou kimmst àwwer froih ausem Goare heut!"

Kättsche: „Isch kànn eusch sàà, mir gieht's goar näit su gout. Do henne enn de Neh vom Spurtplatz soi isch oo em Agger vebeikomme, ihr glaabt näit, wàs eisch do geseh hu! Do wàchse jà Tomade su gruuß wäi en Fußball!"

Albert: „Ei Kättsche, dou wirst dòch vierher näit en de „Gou-

re Quell" gewäse soi? Velleischt hosde jà den Agger me'm Spurtplatz vewechselt!"
Kättsche: „Dou Dommbabbeler, isch trinke dòch goar kààn Algohol, isch woar seit 20 Juhr nämmie enn de „Goure Quell", unn sellemols[5] hunn isch aach nur Limmo getrunke. Unn auserdem: Däi Bäll woarn ruut, harre groine Blärrer unn woarn oogewàchse."
Adalbert: „Dàs intressiert misch jetzt àwwer emol. Mir hunn dòch Zeit, giehn mer dòch emol hi unn gugge uns dàs emol oo."

Nooch fimfenzwànsisch Minude Foußwääg komme unser väier Mànnsleut oo den Agger, wu's Kättsche beschrewwe hatt. Vo weirem hunnse schunn däi ruure Punkte leuschde seh. Wäi se neher komme soi, hunn se aach gemerkt, dass dàs kàà Fußbäll soi, àwwer genau su gruuß woarnse. Unn wäi's Kättsche schunn gesaat hatt, oogewàchse woarn se aach. De Engelbert wollt's genaa wesse unn hot sisch met soim Daschemesser e Scheib àbgeschnerre. Er woar aach mudischer wäi's Kättsche unn hot sugoar enenngebesse. E bissi faad geschmeckt hot`s, unn aach e bissi komisch geròche, àwwer ess woar ganz kluer, des woar e Tomat.
Nadierlisch soin unser Mànnsleut jetzt enn's dischbediern komme. Warim wàchse en Windecke su gruuße Tomade? Dòch bestimmt näit nur, weil Nidderau e poar Mol die sonnereichst Stàdt en Hessen woar.

Herbert: „Om Burrem kann`s aach näit leie, enn Helwische hunn isch nòch näit su gruuße Tomade geseh, unn bei alle Gääjesätz hunn däi Kreuzkepp[6] immer nòch de selwe Burrem wäi mir."
Albert: „Wàs host dann dou als Preuß enn Helwische bei dene Hesse se suche, nòch dezou ohne uns? Dou best àwwer mudisch (lacht)! Àwwer Spass beiseit, isch glaawe, häi stimmt ebbes näit. Adalbert, dou kennst dòch den Sieschfried gout, der ess dòch em Imweltausschuss, hot der näit sugoar de Viersitz? Babbel dòch emol met dem, velleischd waas der jà en Root."
Adalbert: „Den seh isch morje enn de „Goure Quell" suwäisu[7], do redd isch emol merrem."
Wäi de Adalbert om neechste Omend enn de „Goure Quell"

enngelaafe ess, hunn voarne om Desch schunn die Koardeklopper gesesse. Fier den Bauer Müller woar seit e poar Wuche de Berträäm vo de Weiße enngesprunge. Dàs hot kààn gewonnert, der woar neemlisch geizisch, hatt kààn Durscht unn konnt gout Koarde spille. Den Sieschfried hatt unsern Adalbert näit geseh, der ess àwwer kurz druff vom Aabee komme, unn es woar aach nòch en Platz bei em frei, do hot sisch de Adalbert debeigesetzt.

Adalbert: „No, Sieschfried, làng näit geseh, wäi laafe die Geschäfde?"
Sieschfried: „Hör uff, heut bin isch froh, dass emàl kàà Sitzung is unn isch in Ruh mein Schobbe trinke kann."
Adalbert: „Isch will aach goar näit iwwer Pollidig met dir redde, do brauchsde bei mir kàà Àngst se hu. Isch hunn àwwer gestern wàs komisches geseh, noochdem des Kättsche dem Herbert, dem Albert, dem Engelbert unn mir uffem Makplatz devo erzehlt hatt. Mir wolldes ierscht goar näit glaawe unn hun gemäànt, des Kättsche wier besòffe, àwwer dànn hummers met aajene Aache geseh."
Sieschfried: „Jetzt fang mer bloß net mit ere flieschend Unnerdass oder em Ausserirdische àà!"
Adalbert: „Seh isch su aus? Nàà, do henne beim Spurtplatz wàchse Tomade, su gruuß wäi Fußbäll, òb de's glaabst àwwer näit!"
Sieschfried (lacht): „Kàà Wunner, in de Näh vom Sportplatz."
Adalbert: „Mir esses wirklisch näit zoum lache, wànn de mer näit glaabst, giehn mer jetzt sesàmme hi unn gugge uns dàs oo!"
Sieschfried: „Ei Adalbert, isch will doch in Ruh mein Schobbe trinke, unn isch glaab dir jà aach, dass du große Tomade geseh hàst. Velleischt waaß isch sogàr, warum die grösser sin wie normal. Sàch mir doch emàl genau, wo du des geseh hàst."
Adalbert: „Ei dàs woar om Spurtplatz, e Stecksche weirer uffem Wääg zoum Bimbelliesi."
Sieschfried: „So weit isch waaß, gehert der Agger em Bauer Müller. Velleischd hàsde geheert, dass der den Schlamm von de Kläràlààch uff de Ägger vedeilt, des iss àwwer net schlimm, im Geeschedeil: Des is hochwerdische Dünger!"
Adalbert: „Der Dünger ess velleischd gout fier soi Rànke unn

Zuckerroiwe, àwwer deshalb misse do dòch nòch làng kàà gruuße Tomade wàchse!"
Sieschfried: „Des stimmt schonn, àwwer des Problem bei Tomade is, dass die Kern von dene in der Kläràlààch net àbgebaut wern. Wenn mer also den Klärschlamm uffem Agger uffbringt, dann könne schonnemàl hier unn dà Tomade wàchse."
Adalbert: „Su gruuß wäi Fußbäll?"
Sieschfried: „So groß nadürlisch net, des kann eischentlisch nur vorkomme, wenn de Agger üwwerdüngt is. Der Bauer Müller hàt von de Stàdt schonn Rischtlinie àn die Hand krieht, wie er den Schlamm vedeile soll, damit die Konzentration àn ààner Stell net so groß is."
Adalbert: „Der Bauer Müller ess jà en goure Kerl, wànn isch den seh, wer isch en emol freje, wàs do luus ess. Mir hunn jà baal Herbstmakt, do esser mondààchs immer en de „Huuchmill" zoum Froihschobbe, do gieh isch emol hi."
Sieschfried: „Des Thema intressiert misch nadürlisch aach, mir wolle jà net, dass die Sach noch Welle schleecht. Frühschobbe àm Herbstmakt in de „Hochmühl" is e prima Idee, dà komm isch aach emàl hi!"

Die Dààche vegiehn unn de Herbstmakt stieht vier de Dier. Ausklinge losse hot mer den zemindest froiher immer en de Wirtschafde. Kommenalpolidigger soin do aach gànz gern higànge, weil mer häi su mànches ausem Volk erfoahrn hot unn ach villes uffem „klààne Wääg" erleedischt wern konnt. Aus dem Grund woar aach unsern Sieschfried om Herbstmakt-Mondààch en de „Huuchmill", en ierschder Linie nadierlisch wääje dene „Fußball-Tomade", wu em kàà Rouh gelosse hu. Unsern Adalbert ess kurz denooch komme unn hot sisch zouem on Desch gesetzt. Nooch em zwädde Schobbe, also nooch zwànsisch Minude, ess aach de Bauer Müller komme. Do hot de Adalbert gleisch geroufe: „Ei Rudolf, schie dass de aach häi best, mir hunn nòch e Plätzie frei, setz disch dòch bei uns!", dass der sisch bluuß näit wuànnerscht hisetzt.
Wääje dere „Wiss oo de Bach" woar des dem Bauer Müller aajentlisch goar näit räächt, sisch zoum Sieschfried se setze, àwwer weiler jà kààn Unmensch woar unn soim aale Windecker Bekànnde Adalbert seläib horrer sisch dànn dòch debeigesetzt.

Adalbert: „No, Rudolf, wäi dànn, hosde e goud Ernt dissjuhr?"
Bauer Müller (guckt en Sieschfried e bissi bies oo): „No ja, eher durchwàchse."
Adalbert: „Wuu mer su schie sesàmmesetze, wollt isch disch emol wàs freje. Mir hot e Fraa erzeehlt, do henne enn de Neeh vom Spurtplatz deere Tomade su gruuß wäi Fußbäll wàchse. Host dou do näit aach en Agger?"
Bauer Müller (lääft leischt ruut oo): „Dàs kànn schunn emol vierkomme, dass uff meim Agger e poar Tomade wàchse. Eisch foahr dòch den Klärschlàmp fier die Stàdt uff moi Ägger, der Sieschfried waaß dàs jà. Däi Tomadekern wern en dene Klärolààche näit àbgebaut, deswääje wàchse däi Tomade. Àwwer su gruuß wäi Fußbäll ess leischt iwwertrewwe, dàs hot däi Fraa sischer nur gesaat, weil se omm Spurtplatz vebeikomme ess (lacht)."
Adalbert: „Zoufällisch soi isch aach die vierisch Wuch do vebeikomme. Do hunn isch selwer geseh, dass däi näit vill klenner soi."
Sieschfried: „Fährst du velleischt e bissi vill Schlamm uff den ààne Agger?"
Bauer Müller (guckt leischt bies): „No ja, isch hunn jà däi Wiss oo de Bach fier moi Kadoffel näit kräit, wäi de waast, moin läiwer Sieschfried. Do musst isch en Agger enn Aasche[8] pàchde, unn dàs dauert nadierlisch etz vill lenger, bis isch däi Kadoffel dehààm hu. Do bleibt nämmie vill Zeit, den Schlàmp bis nooch Uusthem se foahrn, wu moi ànnern Ägger soi."
Sieschfried: „Àwwer du waaßt schonn, dass des net gràd im Sinne des Erfinders is, dass du e bissi vill Schlàmm uff den ààne Agger fährst? Der is doch todal üwwerdüngt, von dene annern Folsche emàl ganz àbgeseh!"
Adalbert: „Etz wolle merr àwwer bei dem schiene Froihschobbe näit enn's Streire geroore. Su weit isch waaß, fläist en gruuße Daal vom Rudolf soine Ennnohme aus dem Klärschlàmpgeschäft enn de Meerschweinschenzuchtveein, unn die Onnerstützung von Veoine dursch Privatpersone kànn de Stàdt dòch nur räächt soi. Hunn isch rääscht àwwer näit?"
Sieschfried: „Nadürlisch hàsde recht, sonst deede die Veeine jà noch mehr àn de Stàdt zobbele, wenn die Privatinitiative net wärn. Àwwer isch wär jà kààn Polidigger, wenn isch jetzt kààn Kompromissvorschlààch ausem Ärmel ziehe däät.

Also, mein liewer Rudolf: Wie mir festgestellt hàwwe, kennst du disch jà mit Sponsoring ganz gut aus. Isch schlààch vor, du sponsorst uns heut die Schobbe. Im Geeschezuuch bleibt die Sach mit dene Fußballtomade unser Geheimnis. Allerdings musst du mir vespresche, dass du net mehr so vill Schlamm uff ààm Agger uffbringst. Isch waaß, du wirst misch gleisch frààche, wo du mit dem Schlamm hiesollst.
Aach dà hàb isch en Vorschlàch: Zwaa Disch weider sitzt de Bauer Meier, der wo den Agger newer dir hàt. Isch redd emàl mit dem unn du wirst seh, der wird von meim Vorschlààch begeistert sei."
Bauer Müller: „Ei wàs dànn fiern Vierschlààch?"
Sieschfried: „Ei denk doch emàl nààch, günsdischer kimmt der doch nie mehr àn so en hochwerdische Dünger, unn des aach noch ganz ohne Awweid!"
Bauer Müller: „Do hätt isch aach selwer druff komme kenne."
Sieschfried: „Dàdefür bin isch Polidigger unn du Landwirt!"
Bauer Müller: „Schlàgshond!"
Adalbert: „Kommt, etz veträà merr uns àwwer wirrer unn trinke nòch e poar schiene Schobbe sesàmme!"
Bauer Müller: „Dou host gout redde, isch bezàhle jàà. Àwwer isch mache's jà gern, met dem Sieschfried soim Vierschlààch kenne merr jàà aach all sefrirre soi. Prost sesàmme!"
Sieschfried: „Prost!"
Adalbert: „Prost sesàmme!"

Àb sofurt ess de Bauer Müller aach wirrer donnerschdààchs zoum Koarde spille enn die „Gout Quell" komme. De Bertrààm woar ach weirer debei, etzt hunn se halt se fimft gespillt.

Unn wàs lerne merr do draus?
Wuu en Sieschfried ess, ess aach en Wääg.

1 Gemüse
2 Umweg
3 rote
4 ständig, fortwährend
5 damals
6 „Kreuzköpfe": Kosename der Heldenberger. Vor dem Zuzug der „Enngeplackte" war die Heldenberger Bevölkerung im Gegensatz zu Windecken vorwiegend katholisch.
7 sowieso
8 Eichen

De Cem, de Luigi unn ess Kallsche

Geschichte im Rhein-Main-Dialekt

Schonn seitdem des Kallsche im Kinnergàdde is, sinn de Cem unn de Luigi sei besde Freunde. Vor em halwe Jàhr wàrn zwaa Mann vom „SC Eintracht-Sportfreunde"[1] im Kinnergàdde unn hàwwe de Kinner e bissi wàs üwwer Fußball gezeischt. Aach unser drei Freunde hàwwe eifrisch mitgemàcht unn Spass àn dere Sach gefunne. Ess hàt aach net lang gedauert, dà sin unser drei ins Treening gange unn hàwwe sesamme mit noch annern fünf Buuwe aus ihrm unn nochemàl siwwe Kinner aus de Kinnerdààchesstädde „Allee Süd" in de G-Juchend beim „SC Eintracht-Sportfreunde" gespillt. Net nur dene Buuwe hàt des unmeimlisch gut gefalle, aach dene zwaa Mädschen, de Aische unn de Miriam, wo dann noch dezu komme sin, hàt's vill Spass gemàcht. Sogàr die Eldern wàrn Feuer unn Flamm unn hàwwe sisch aach unnernanner gut vestanne, sieht mer emàl von klààne Schwankunge àb, wenn de Georgis widder emàl e bissi länger zum Eisatz komme is wie de Isztvan. Àwwer des hàt sisch schnell widder geleescht, unn wenn schee Wetter wàr, dann hàt mer nàch em Spill alsemàl noch sesamme uffem Sportplatz gegrillt oder e Dass Kaffee getrunke unn e Stick Kuche gesse. Die Kinner hàwwe ihr Limmo krieht unn all wàrn se sefridde, besonners nadürlisch, wenn mer vorher gewonne hàt.

Letzt Woch wàr's emàl widder so weit. Die zwaa Mädschen, alle Buuwe unn aach die meisde Eldern hàwwe sisch nàch em Spill uffem Sportplatz vesammelt. De Babba vom Benjamin hàt e Weisbinnergeschäft unn hàt àn dem Dààch die Getränke gestifft. Dem Manuel sei Eldern hatte e riesegroß Pann debei, unn all wàrn se gespannt, wàs die dàdemit mache deede. Sie hàwwe aach etlische Dippschen mit Zeusch debei gehàbt, wàs se dànn, wie die Pann haaß wàr, nààch unn nààch dà eneigerührt hàwwe.

Kallsche: „Mamma, des riescht àwwer gut, wàs issen des?"
Mamma: „Des is wàs spanisches unn hääßt Paella."
Kallsche: „Des muss isch unbedingt emàl probiern, des riescht fast noch besser wie Fischstäbschen!"

Mamma: „Die Pann is so groß, dà krieht jeder wàs devo."
Kallsche: „Isch hàb aach en mords Hunger!"
Mamma: „Des glaab isch, du bist aach heut vill gerennt unn hàst dem Cem zwaa wunderbare Vorlààche gewwe. Mer merkt schonn, dass des dein Freund is."
Kallsche: „Mamma, bist du bleed? Dem Ibrahim hàb isch aach e Vorlààch gewwe, unn der is sogàr im annern Kinnergädde. De Treener sàcht, mir sin àà Mannschaft, unn dà isses egal, wer die Toorn mecht. Irschendwie sin mer jà dann all Freunde, aach wenn isch de Cem unn de Luigi schonn länger kenn. Auserdem is de Luigi im Tor, unn dà geht's gàr net, dass isch dem e Vorlààch geb! Trotzdem geheert der aach dezu, unn wenn der net so gut gehalte hätt, hätte mer veleischd gàr net gewonne. De Treener sàcht aach auserdem noch, dass mir net so vill nuudele solle unn unsern Ball àbspille solle, weil en uns de Geeschner sonst gleisch widder àbnimmt unn mir dann kàà Tor schieße könne. Dà müsse mir doch all sesamme halde, sonst gewinne mir net, oder?"
Mamma: „Kallsche, du hàst nadürlisch recht, du hàst jà aach vill mehr Ahnung vom Fußball wie isch. Àwwer egal warum du so vill gelaafe bist, die Paella hàst de dir allemàl vedient!"
Kallsche: „Isch guck emàl, ob die schonn ferdisch is."

Des Kallsche rennt zum Manuel seine Eldern unn kimmt stolz wie Oskar mit em große Babbdeckeldeller voll rischdisch gut rieschende Paella serück. Ess dauert net lang, dà hätter aach schonn de halwe Deller eweggebutzt.

Mamma: „Kallsche, ess net so schnell, sonst wird derr's noch schlescht! Unn trink wàs debei, dasses besser rutscht!"
Kallsche: „Isch sàch derr, des schmeckt so Klasse, des kann mer gàr net langsammer esse!"
Mamma: „Isst du des noch liewer wie die Schnitzel, wo de Babba unn isch vor zwaa Woche hier gebrààte hàwwe?"
Kallsche: „Nàà Mamma, die wàrn aach prima, àwwer des hier schmeckt halt annerster gut. Unn schonnemàl, waaßde noch, dà hàwwe em Cem, de Aische unn em Ibrahim ihr Mammas so klààne Friggadellschen unn klààne Rindswörschtschen in so Brotdasche gemàcht, die hàwwe aach ganz toll geschmeckt. Warum hàt's dann des noch net bei uns dehààm gewwe?"

Mamma: „Ei der Aische unn dem Cem sei Eldern komme doch aus de Türkei, dem Ibrahim sei ausem Kosovo unn dem Manuel sei aus Spanien. Des is alles ganz weit fort, unn die hàwwe halt annerster koche gelernt wie de Babba unn isch. Àwwer isch kann mer gern emàl die Rezepte gewwe làsse, dà koch isch des aach emàl dehààm für disch unn den Babba.
Kallsche: „Warum spillen dann de Cem, de Ibrahim unn de Manuel bei uns Fußball, wenn die Eldern so weit fàhrn müsse oder sin die hier zu Besuch? De Cem unn de Luigi wohne jedenfalls bei uns in de Stràààß, bei dene wàr isch schonn dehààm!"
Mamma: „Die Leut wohne jetzt all bei uns in Windecke, unn die Kinner in deine Mannschaft sin fast all hier uff die Welt komme. Dene ihr Eldern sin aach schonn seit ville Jàhrn hier, àm lengste die vom Luigi, die sinn aus Italien komme. Dàmàls hàwwe die Leut bei sisch dehààm kàà rischdisch Awweid gefunne, unn bei uns gàb's dàdevoo üwwerisch genuch."
Kallsche: „Eischentlisch is des doch gut, wenn mer nix awweide muß, oder?"
Mamma: „Mit Awweit vedient mer àwwer sei Geld, unn ohne Geld könne mer uns nix kaafe. Dann müsst' de hier Barfuß spille, weil mer dir kàà Fußballschuh kaafe könnte."
Kallsche: „Nàà Mamma, dann geht liewer schaffe, sonst duun mer jàà die Fieß weh beim Vorlààche gewwe! Àwwer jetzt waaß isch aach, warum de Cem unn de Luigi so babbele wie isch, àwwer die Eldern von dene e bissi annersder. Die hàwwe jà vorher ganz weit fort gewohnt, unn dà babbelt mer annersder wie bei uns, gelle?"
Mamma: „Du bist halt aach e clever Kerlsche! Schonn bei uns in Deutschland gibt's jà unnerschiedlische Spràache. Die Bayern babbele annersder wie die Friese, unn im Kinnergàdde babbelt ihr doch hochdeutsch, wie isch eusch kenne, also kannst du jà eischentlisch aach zwaa Spràache, wie de Cem unn de Luigi."
Kallsche: „Nàà Mamma, die kenne sogàr drei Spràache, im Kinnergàdde babbele die neemlisch aach hochdeutsch, nur hier babbele die windeckerisch!"
Mamma: „Siehste, dann sinn die jà noch schlauer wie mir!"
Kallsche: „E bissi schonn. Àwwer isch muß disch nochemàl wàs frààche. Warum hàwwen de Babba unn du zwaa Sorte Schnitzel gebrààte? Isch hàb genau geseh, dass die Fraue wo

e Kobbduch uff hatte unn dene ihr Männer nur die àà Sort gesse hàwwe, unn alle annern hàwwe zwaa Sorte gesse. De David unn sei Eldern hàwwe gàr nix gesse. Warum hàwwen manche Fraue iwwerhaapt e Kobbduch uff unn annern net, sogàr bei dem scheene Wedder unn àm haaße Grill stehn se middem Kobbduch. Hàwwe die Angst, dass die Hààrn ààfange se stinke in dem Qualm?"

Mamma: „Nàà Kallsche, die hàwwe kàà Angst. Des Kobbduch hengt mit ihrm Glauwe sesamme unn mit dem Land, wo se herkomme. Des is dà so Sitte. Die Famillie vom Cem, von de Aische unn vom Ibrahim sin Moslems, so nennt mer dene ihrn Glauwe, unn die Esse kàà Schweinefleisch. Deshalb hàwwe mir aach noch Puteschnitzel gebrààte, unn des dürfe die Leut esse. De David unn sei Eldern sin Jude, die esse nur koscher Fleisch, àwwer des is widder wàs anneres. Des geht nadürlisch net, dass die hier nix gesse hàwwe, des müsse mer ännern, des sin jà alles unser Freunde."

Kallsche: „Des is ganz schee schwer zu vesteh. Isch hàb emàl im Fernseh Fraue geseh, die wàrn schwarz-weiß ààgezooche wie unser Nationalmannschaft, hatte àwwer aach so wàs ehnlisches uff wie Kobbdüscher. Die hàwwe so e bissi wie Pinguine ausgeseh. Wàrn des aach Moslems?"

Mamma: „Nàà, des wàrn Nonne."

Kallsche: „Wo issen dà de Unnerschied?"

Mamma: „Die Nonne unn die Mönche, des sin die männliche Nonne, sin Christe. Mansche Christe, dà geheern aach die kaddolische Priester unn de Papst dezu, die dürfe net heirade. Die leewe meisdens in annern Länder wie die Moslems. Die Moslems dürfe àwwer heirade."

Kallsche: „Kriehe die Nonne dann aach kàà Kinner?"

Mudder (guckt e bissi komisch): „Normalerweise net."

Kallsche: „Dann will isch aach kààn Mönch wern, wenn isch groß bin, unn aach kààn Priester unn kààn Papst, isch will Moslem wern!"

Mudder (nimmt des Kallsche in'n Àrm): „Jetzt duu emàl langsam, de Babba unn isch mir sin jàà aach kàà Moslems unn aach kàà Nonne, Priester, Mönche unn Päpst, unn mir hàwwe trotzdem oder gràd desweesche e Kind krieht, e ganz tolles unn neuschierisches noch dezu!"

Kallsche: „Mamma, isch hàb disch lieb, unn die ganz Mannschaft unn dene ihr Eldern aach, egal wie die babbele unn wàs die esse. Von mir aus könne die im Sommer all Zibbelkappe uffhàwwe, Moslems, Jude unn Päpst sei. Die Hauptsach is, mir spille en scheene Fußball sesamme unn hàwwe unsern Spass aach noch nààchem Spill. Von mir aus könnt ihr Große aach noch sesamme schaffe unn Geld vediene, damit isch mei Fußballschuh krieh!"

Unn wàs lerne mer dà draus?
Wàs wär die Menschheit ohne'n Fußball!?

1 Windecker Fußballverein

Die Vereine als Seele des Gemeinwesens

Nicht nur im Bemühen um heimatliche Geborgenheit und den Erhalt von Traditionen, wie dies zum Beispiel in Heimat- und Geschichtsvereinen, den Gesangsvereinen und auch den Gartenbau- und Kleintierzuchtvereinen und vielen anderen geschieht, kommt den Vereinen eine besondere Bedeutung zu. Viele Menschen bis hin zu einigen Politikern machen sich gar nicht bewusst, welchen Beitrag die Vereine für das Wohlergehen vieler Mitbürger und auch des gesamten Staatswesens leisten.

So ist es auch in Nidderau. Alleine in Windecken gibt es mehr als 40 Vereine. Insbesondere die Vereine, welche eine intensive Kinder- und Jugendarbeit betreiben, leisten einen sehr großen Beitrag zur Herausbildung des Sozialverhaltens und auch der Toleranz junger Menschen gegenüber anderssprachigen und andersdenkenden Kindern und Jugendlichen. Ganz besonders tragen Vereine, in denen eine Mannschaftssportart betrieben wird, dazu bei, dass die Integration von Kindern und Eltern mit Migrationshintergrund, die in Deutschland ca. 20 Prozent der Gesamtbevölkerung ausmachen, nicht nur im Verein, sondern darüber hinaus in der gesamten Gesellschaft gelingen kann. Dem Staat bleiben hier immense Kosten auf dem Gebiet der Integration erspart.

Aber auch losgelöst davon gedeihen im Mannschaftssport außer Teamgeist auch Rücksichtnahme und Toleranz. Hier kann auch ungehemmt der Dialekt gepflegt werden, denn in einer Jugendmannschaft hört man heutzutage ohnehin zumindest gelegentlich mehrere Fremdsprachen, und die Scheu vor sozialen Unterschieden wegen der Sprache oder des Dialekts ist hier nicht angesagt. Nicht alleine die Beispiele der Kabarettisten und Komiker Bülent Ceylan und „Django Asül“ beweisen, dass sich auch Menschen mit Migrationshintergrund durchaus im Dialekt bewegen können. Dies betrifft natürlich auch die Eltern der Sport treibenden Jugend, welche oftmals durch ihre Kinder ebenfalls in das Vereinsleben eingebunden sind und hier nicht nur die deutsche, sondern auch die ortstypische Lebensart mit allen ihren Traditionen und Facetten inklusive des Dialekts hautnah miterleben können, was zweifelsohne zur Stärkung des Gemeinwesens beiträgt.

Vom Migroskobiern

Geschichte im Rhein-Main-Dialekt

Weil des Kallsche gàr net emàl so dumm wàr in de Windecker Grundschul, durfter nàch de vierde Klass nàch Hanau ins „Gymnasium für Jungen“ wechsele. Er wàr zwar net de Fleisischsde, àwwer weil's jà e clever Kerlsche wàr, hätter sisch bis in die Owerstuuf durschgewurschdelt.

De Biounnerrischt hàttem eischentlisch net so vill Spass gemàcht. Gràd noch so konnder sisch uff 4 haale, àwwer aach nur deshalb, weil er im laufende Schuljàhr seiner Stammlehrerin e Fràäch gestellt hàt, wo die net beantworde konnt, neemlisch: „Kann en Reeschewurm aach rückwärts kriesche?“ Die àrm Fraa iss àwwer jetzt schwanger geworn unn musst länger dehààmbleiwe. Dursch en glücklische Zufall àwwer hàt zu dere Zeit en Mangel àn Biolehrer geherrscht. Net, dass ständisch alles ausgefalle wär, nàà, dà hätt mer die Reschnung ohne'n Wirt gemàcht: De Scheff von dem Gymnasium hàt jà in dem Glaawe geläàbt, er wär de Direkdor von ere Eliddeschul, deshalb musst de Unnerricht um jeden Preis stattfinne. Unn dà issem sein aale Lieblingsschüler, de Henning eigefalle. De Henning wàr schonn als klàà Kind immer gern mit de Eldern im Gàdde, aach speeder hàsden dehààm in de Wohnung kaum geseh, eher isser in de Hägge erumgekroche, unn so wàr's kàà Wunner, dass Biologie von Ààfang àà sei Lieblingsfach wàr.

Jetzt hàt de Scheff emàl nàchgereschent unn hàt festgestellt, dass die Wahrscheinlischkeit groß wär, dass der Henning baal mit seim Studium ferdisch iss. Die Telefonnummer hatter schnell erausgefunne, unn de Henning wàr aach gleisch àn de Stripp. Im Gespräàsch hàt de Scheff erfàhrn, dass unsern Henning im àchde Semesder iss unn unner chronischem Geldmangel leide duut, weiler jà aus ààfache Vehältnisse kimmt unn sisch immer wàs dezuvediene musst. Des wàr fürn Scheff e gefunnen Fresse, unn er hàt de Henning gleisch middem ordentlische Salär geködert. Fürn Henning wàr des nadürlisch wie Weihnàchde unn Osdern uff ààn Dààch, ess wàrn jà nur drei Stunn in de Woch, unn so schlimm wern die Schüler in de Owerstuuf schonn net sei. Schliesslisch wàr er jà aach net vill Älder wie sei Schüler, unn weil er jà kàà Kind von Traurischkeit wàr, konnt er sisch

schonn vorstelle, die juchendlische Schüler bei Laune se halde. Em Scheff gääscheüwwer durft mer blooß net negativ ufffalle, dann wär alles in Ordnung gewääse. Dasses àm End dann doch fast annersder komme iss, des konnt zu dem Zeitpunkt waas Gott noch kààner wisse. Àwwer nadürlisch hàt de Henning em Scheff gleisch zugesàcht für e Awweit, die vill Spass mecht unn gleischzeidisch aach noch gut bezàhlt wird.

Zum ersde Unnerrischt middem Henning iss unser Kallsche selbstveständlisch aach komme. Ess wàr zu dere Zeit net gràd üblisch, dass sisch Lehrer unn Schüler geduuzt hàwwe, àwwer bei dem klààne Aldersunnerschied musst mer dà schonn emàl e Ausnahm mache, zumal de Henning jà en moderne Mensch wàr. In de erst Stunn wollt mer de Unnerrischtsplan zusamme durschbaldowern, unn in de erst Doppelstunn àm neechsde Dààch sisch nääwedràà in de Clubwirtschaft von de Ruderer bei em Biersche näher kennelerne. Dem Kallsche unn seine Klassekamerade wàr des Konsept sehr sympadisch.

Wàs de Unnerrischtsplan betrifft, wàrn sisch beide Seide schnell drüwwer àànisch, dass der Unnerrischt net ganz unintressant gestaldet wern sollt, dass kààn zu große Uffwand betriwwe wern sollt unn dass de Henning wàs in de Hand hàwwe müsst, wàs er em Scheff als Leisdungsnàchweis vorleesche könnt. Alles annere sollt àm neechsde Dààch bei de Ruderer besproche wern.

Náchdem am Dinnsdààch, dem neechsde Dààch, die erst Rund uff ihn gange iss, hàt de Henning bei de Ruderer vorgeschlààche, die teschnische Möschlischkeide in de Schul zu nutze unn zu migroskobiern. Des hätt den Vordeil, dass mer die Zellstrukdurn von dene Blädder oder annern Sache zeischne unn wissenschafdlisch auswerte könnt unn dem Scheff gleischzeidisch wàs vorzeischbares unner die Nààs halde könnt. Drause deet jàà genuch wàchse, wàs mer sisch àägugge könnt, ob des jetzt Blädder von Buche-, Ahorn-, Pabbel-, Quetsche- oder Äbbelbeem oder aach von Haachebudde-, Schleje- unn Brombeerhägge oder aach Pissblumme wärn, ganz egal. Des Kallsche unn sei Mitschüler wàrn aach gleisch eivestanne, vorausgesetzt àwwer, dass mer des geescheseidische Kennelerne bei de Ruderer net ganz àbschaffe deet, des hätt jà schließlisch aach sein „pädagogische Nährwert".

Ess wàr für e Schulklass ausem Rhein-Main-Gebiet naheliesschend, dass merr in der erste Migroskobierstunn mit Blädder von em Äbbelbààm àägefange hàt. De Unnerrischt wàr gut besucht, unn ess Kallsche unn sei Mitstreider hàwwe bràv uffgemàlt, wàs se geseh hàwwe. Àm neechsde Dààch iss dann bei de Ruderer üwwer die Zellschdrukdur, die Foddosynthees unn alles wàs so dezugeheert gebabbelt worn. Bei dere Geschprächsrund hatt sisch's eigebürjert, dass immer en Stiwwel Bier erumgange iss, um die Klassegemeinschaft weider se fesdische. Nààch alder Traddition musst der bezàhle, bei dem's gekluckst hatt. Bei bierteschnisch wenischer begabte iss des mit de Zeit ganz schee deuer komme. Des wàr àwwer net so schlimm, weil unser Pennäler dursch den qualifizierte Unnerrischt ihrn Äbbelwoi dehààm baal selwer mache konnde unn dàdursch widder Geld geschbàrt hàwwe.

Trotz dere rewwelutionäre Unnerrischtsform, wo bei de Schüler sehr gut ààkomme iss unn wo ganz weenische geschwenzt hàwwe, iss des Migroskobiern von Blädder mit de Zeit doch e bissi langweilisch wàrn. Deshalb kààm bei de Ruderer-Beschpreschung jetzt de Vorschààch vom Benjamin aus Hiddegeseeß[1], doch emàl von de Flora in die Fauna se wechsele unn e doot Maus unner die Luup se nemme. De Benjamin könnt mit einischer Wahrscheinlischkeit die neechste Dààche àà besorsche, weil se in ihrm Fachwerkhaus in Hiddegeseeß in letzder Zeit Gekruschbel hinner de Schrenk unn unner de Betten geheert hädde unn de Vadder Falle uffgeschdellt hätt. De Vadder hàt gesàcht, bei seine ààgekoogelde Salàmi als Kööder ginge die Mäus uff jeden Fall in die Fall, unn ess wär jà aach noch fast e Woch Zeit bis zum neechsde Migroskobiern.

Tatsäschlisch kàm de Benjamin àm neechste Mondààch mit zwaa doode Mäus in'n Unnerrischt. Àwwer kaum hattse de Henning scheibscheweis uff die Glàsplättschen vedeilt, sinn die erste von unsere sonst so furschtlose Schüler keesweiß ààgelaafe unn hàwwe sisch in'n Krankestand veàbschied. De Rest von de Klass hàt widder fleisisch gezeischent, àwwer merr kann net sààche, dass die des mehrheitlisch unbedingt widderhole wollde.

So hàt merr im neechsde Ruderer-Seminar auser de

Nàchbedràchdung aach noch üwwer neue Möschlischkeide nàchgedàcht.

De Yussuf, enn Streewer vor dem Herrn, hàt sisch in de Vegangenheit im Henning seim Unnerrischt ufffällisch serückgehalde, velleischd weiler sehr konservadiev erzooche wàr unn mit dene moderne Unnerrischtsmethode net so gut serrescht komme iss. Er kàm immer ausem fränkische Aschebersch[2] üwwer die Grenz nàch Hanau gefàhrn unn wàr de àànsische, wo in de Schul en Schlips umgebunne hatt. Eischentlisch hieß der jàà Franz-Josef, vemutlisch hàwwe'n sei Eldern nàchem Strauß gedaaft, wàs aach zum Yussuf gebasst hàt, denn von seine Ààsischde her hätter im Kohlekeller noch en Schàdde geworfe, so schwàrz wàr der. Im dàmàls e bissi rötlischer gefärbte Hanau kàm des nadürlisch net unbedingt gut àà, unn so hätter von seine Mitschüler aus Neckerei den Uuznàme „Yussuf" vepasst krieht. Eischentlisch wàr's jà irschendwo uff de annere Seit aach en gude Kerl. Velleischt isser aach deshalb in die Bresch geschbrunge, wo de annern kàà Idee mehr zum Migroskobiern komme iss.

Allerdings wàr sei Frààch e bissi komisch: „Wolle merr net emàl zum anthropologische Deil üwwergeh?", hätter allen Ernstes gefrààcht. De Benjamin hàt unner dem Geläschder von de annern nadierlisch gleisch kekondert: „Willst du disch velleischt selwer uff des Glàsplättsche unners Migroskoob leesche? Dann deet isch àwwer wenischsdens se erst de Schlips auszieje, sonst krieje merr noch falsche Ergebnisse unn de Scheff kann nix mit unsere Bilder ààfange!"

De Henning iss neuschierisch worn unn hàt en Franz-Josef gleisch gefrààcht: „Wàs màànsden dàdemit?" Jetzt iss unsern Yussuf e bissi rot ààgelaafe unn hàt zöscherlisch geantwort: „Mir könnde doch emàl Schbermatozoe unnersuche."

Em Kallsche iss baal de Stiwwel aus de Hand gefalle, wie er des geheert hàt, unn bei de annern wàr des Lache aach ganz schnell vestummt. Stàttdesse hàwwe se'n ganz bedrebbelt unn ungläuwisch ààgeguggt. De Benjamin hàt dann als erster widder die Fassung erlàngt unn gefrààcht: „Unn wer soll des Schberma besorsche, du velleischt?"

Jetzt hàwwe nadürlisch all zum Geläschder serückgefunne. De Yussuf àwwer hàt sisch net lumbe làsse: „Ei de Henning muss des besorsche, der iss doch de Lehrer!"

Henning: „Hàst du noch alle Dasse im Schrank? Wenn des de Scheff erfährt, sitz isch gleisch uff de Gass!"
Jetzt hàwwe se all innerlisch den Gedanke widder veworfe, obwohl des gàr kàà schlescht Idee vom Yussuf wàr, die merr dem gàrnet zugetraut hätt. In de Runde hàt sisch deshalb aach e bissi Traurischkeit breitgemàcht, bis de Yussuf widder àm Zuuch wàr:
„Wenn isch eusch en Gefalle dàdemit duu kann, bring isch des Zeusch halt mit!" Im Nu wàr de Yussuf in de Achdungsleider von seine Mitschüler um einische Sprosse hochgekleddert. Die hàwwe net schlescht geschdaunt unn wàrn nadürlisch all geschbannt uff die neechst Migroskobierstunn. Aach die Stimmung hatt sisch widder uffgehellt im Ruderer-Heim, wàs sisch aach in de Zàhl von de konsumierde Stiwwel niedergeschlààche hàt.
Àn dem Mondàách hatt nadürlisch kààner gefehlt, sogàr die wo Schnubbe hatte sinn komme, unn de Sebastian iss sogàr middem Gibbsbàà àägehumbelt komme.

Die ganz Klass auserm Yussuf wàr dissmàl schonn e Vierdelstunn ejer dà wie sonst, als hätte se sonst kàà Glàsplättsche mehr krieht. Wie die Hinkel uff de Stang hàwwe se dann näwerenanner gestanne unn sehnsüschdisch uff de Yussuf gewàrt. De Yussuf iss aach pünktlisch komme, unn kaum wàrer dà, hàwwem die annern aach schonn gleisch ihr Glàsplättsche entgääschegestreckt. Tatsäschlisch hatt unsern Yussuf aach e klàà Fläschie debei. Des hätter langsam uffgeschraubt unn hatt debei en feuerrode Kobb krieht. Nàchenanner hätter dann jedem en Trobbe uff's Glàsplättsche gewwe, unn sobaal sei Mitschüler ihrn Trobbe emfange hatte, sinn se wie von de Tarandel gebisse zu ihrm Migroskoop gerennt unn hàwwe dràà erumgeschraubt.
Sie hatte jà all e gewisse Vorstellung, wie sowàs aussieht, dünne Wörmscher middem klààne Köbbsche vorne dràà. Àwwer die Erwaddunge sinn schnell enttäuscht worn. Wàs merr geseh hàt wàrn lauder klààne Kreise, Rechtegge unn reisähnlische Gebilde. Sofort iss unsere Schüler klar geworn, dass de Yussuf jà aach gut in Schemie iss unn sisch irschendwàs in die Reih gemixt hàwwe musst.
All hàwweses gemerkt, bis uff ààn: De Henning iss keesweiß àägelaafe, wie er in des Migroskoob geguggt hatt. Sein

Blick iss zum Yussuf gewandert, unn er hàttem zugerufe: „Yussuf, isch muss disch emàl unner vier Aache schbresche!" Die Zwaa hàwwe sisch gleisch in e Eck von dem Bioraum vezooche, àwwer ganz unner sisch wàrnse dà aach net, weil sisch die neuschierische Meude zwar innem reschpektable Àbstand, àwwer nadürlisch aach gràd noch so in Hörweide von dene uffgehaale hàt. Im Raum hätt merr jetzt e Stecknàdel falle hörn.

Dà hàwwese en Henning sààche hörn: „Yussuf, isch glaab mit dir stimmt wàs net, du musst emàl zum Dogder geh unn disch unnersuche làsse!"

All in de Klass, inklusiefe Yussuf, hàwwe sisch jetzt mit de Finger die Libbe sesammegepetzt, um net se kreische vor lache.

In de neechste gruppedynamische Sitzung bei de Ruderer mussde alle schwörn, dass se kàà Sterbenswörtsche nààch ause dringe làsse. Den Henning hàt der Deal unn sei Fehleischätzung einische Stiwwel gekost. Àwwer trotzdem iss von seim im „Angstschweiße seines Angesichts" vediente Neewetschobbgeld noch e bissi wàs üwwerisch gebliwwe.

Unn wàs lerne merr dà draus?
Weil Streewer net nur intelligent, sondern aach durschtriwwe sinn, sollt mer die mit Vorsischt geniese!

---

1 Ronneburg-Hüttengesäß
2 Aschaffenburg

Schunn wirrer de Krätscher unn de Knodderer oder: Des oarme Pedersche

Geschichte im Urdialekt

Sonndàächs nooch em Spill enn Ruußdruff[1], wu die Eintracht-Sportfreunde seit làngem emol wirrer gewonne harre, hunn unsern Krätscher unn unsern Knodderer emol wirrer su rischdisch Durscht kräit unn soin nòchemol enn de „Goure Quell" enngefalle. Zoum Gleck woar aach nòch en Desch frei em Eck, unn gànz henne schree gäjeriwwer uff de ànner Seit hot ess Meiers Pedersche gesesse.

Krätscher: „Ei guck dòch emol wer do setzt. Isch freje misch, wu der klàäne Zwulsch des Geld fier die Wirtschaft her hot, der Dàächdäib[2] hot dòch nòch nie ebbes geschafft!"
Knodderer: „Wànn isch do oo soin Vadder, de Meiers Fritz denke, der ess de gànze Dàäch enn de Mànschesderhoos[3] erimgelaafe unn hot geschafft, aach wäi er schunn làng en Rende woar. Wànn irschendwu e Haus àbgeresse woarn ess, horrer sisch die Russestàä[4] metgenomme unn dodemet dànn nooch unn nooch die Garraasch uffgebaut."
Krätscher: „Der hatt aajentlisch lengst soi Gäärschdsche em Tròggene, bevierer om Schdegge gànge unn immer keesischer em Gesischt woarn ess. Dànn horrer jà aach baal en's Gràäs gebesse."
Knodderer: „Isch kànn misch nòch gout erinnern, wäi er des Pedersche enn de Kennerschees erimgefoahrn hot. Soi Lisbeth, des Schdeuweoos[5], woar jà e zimmlisch Gefdschbretz[6]. Wànn dere en Furz quergesesse hatt, dànn hotse den Fritz alles mache losse. Unn wäi em de Saafesieder uffgànge ess, woarer schunn onner de Erd."
Krätscher: „Unn weil soi Lisbeth näit voarne wäi henne woar unn aach zimmlisch faul unn imgewennd[7], hot se dehàäm ierscht räächt kàän Botzlombe mieh enn die Hànd genomme unn hot die gànz Schammbedaasch stieh unn leie gelosse, dàs Gewirreoos[8]."
Knodderer: „Do muss mer sisch näit wonnern, wànn aus dem Pedersche nix wern konnt. Guggen dòch nur oo. Setzt do, hot die Huurn bis enn de Ank unn ess zimmlisch veroufe, der

äābsche Knoche. Isch hunn gehiert, der hätt schunn einische Leut iwwern Läffel balwiert[9]"

Krätscher: „Noochdem die Lisbeth aach nämmie do woar hot des Pedersche jà aach des gànze Erbdaal durschgebroocht. Er wollt met de gruuße Honne pisse gieh, konnt àwwer ess Bàà näit heewe, der nixnotzische Volleul. Als wellblowe Dabbes[10] kànnsde nadierlisch nur weirer komme, wànn de die ànnern Leut bedubbst[11]. Isch will goar näit wesse, wàs der häi fier en Deggel leie hot!"

Knodderer: „Isch hunn gehiert, der deet sugoar die Kenn zoum Gravààme[12] mache ooschdiwwele[13]. Die vierisch Wuch wäi's su näwwelisch woar hot ess Sannsche beowàcht, wäi des Pedersche se ierscht mem Fritzi unn em Kallsche gebischbelt[14] hot. Do kenne dòch nur Fissemadende[15] erauskomme. E wink speeder ess des Kallsche met ere Roll Wurschtkurdel komme unn hot se beim Kättsche on'n Hooge vom Finsderlààre gebonne. Des Fritzi hot die Kurdel strämm geschbànnt unn dànn hunn se alle zwaa wisawie[16] om Eck gestànne, met Kolofonium oo de Kurdel gerewwe unn gelunst. Zwaa Minude speeder wier des Kättsche kreischend aus de Dier komme unn hätt geroufe ‚laaft all furt, die Russe komme!'"

Krätscher: „Ei wàs hatt ess Kättsche dànn fier Schmerze gehatt?"

Knodderer: „Dursch dàs Reiwe on dere Kurdel entstieht enn dem Haus en Krach wu kààn Mensch aushäält."

Krätscher: „Wuher waaßt dou dànn dàs?"

Knodderer: „Ei froiher, wànn mir als junge Kerle oogeduddelt[17] woarn, hunn mir su Straasch aach als gespillt. Mànchmol hunn mir aach ‚Schelleklobbe' gemààcht unn bei de Leut Sturm geläut, bis ààner emol spetze Nääjel im die Schell erim enenngeklobbt hatt, do hunn isch mir bies die Hànd veschàmmeriert[18].."

Krätscher: „Dàs geschieht dir àwwer aach gànz schie räächt, dou Läusert!"

Knodderer: „Doo näit su, als hättst dou kàà Straasch gespillt, wenischsdens hunn mir die klààne Kenn näit oogeschdiwwelt."

Krätscher: „Wu mir wirrer beim Pedersche wiern. Der Knäulkopp deet jà de gànze Dààch em Schloofoozuch dehààm erimmache."

Knodderer: „Der hatt schunn als Kend immer gegaawert[19] unn hatt kàà Schlauerlätzie[20] im. Nòch näit emol soin Dedee[21] horrem die Lisbeth enn'n Schnàwwel geschdobbt, wàs willsde doo nòch erwàrde?"

Krätscher: „Àwwer jetzt haal emol doi Klapp, des Pedersche kimmt gràd eriwwer, der wird dòch nix gehiert hu? Hoffentlisch wird der näit ausschierisch[22]!"

Knodderer: „Dou Àngstschisser, mir soin zwaa gääje àän!"

Krätscher (zoum Pedersche, sànft wäi e Lemmsche): „No Pedersche, sieht mer disch aach emol häi, wäi gieht's dànn?"

Pedersche: „Mir gieht's prima seitdem isch vier zwaa Juhr moi Abi gemààcht hu unn en Frànkfurt bei de Bànk oogefànge hu. Isch hunn gehiert, die Windecker härre gewonne heut, dirf isch eusch àän ausgewwe?"

Knodderer (lacht): „Do sààn mir näit nàà, Pedersche, setz disch dòch bei uns, dou host dòch en goure Kerl gewwe, gànz wäi de Meiers Fritz!"

Pedersche: „Prost, uff Windecke!"

Krätscher: „Uff Windecke!"

Knodderer: „Goure!"

Unn wàs lerne mer do draus?

Die Fàndasie unn die Boshafdischkeid kenne kàà Grenze, àwwer die Wuhret schunn!

---

1 Bruchköbel-Roßdorf
2 Tagedieb
3 Manchester-Hose, früherer Ausdruck für Cordhose
4 rote Ziegelsteine
5 Schimpfwort
6 boshafter Mensch, „Giftspritze"
7 verkehrt
8 Schimpfwort, „Gewitteraas"
9 an der Nase herumgeführt, veralbert, betrogen
10 wilder und ungeschickter Mensch
11 übervorteilen
12 Schabernack
13 zu etwas verleiten
14 geflüstert
15 unsinnige Handlungen
16 gegenüber, frz.: „vis à vis"
17 beschwipst
18 verletzt
19 gegeifert
20 Schlabberlätzchen
21 Schnuller
22 ausfallend, gewalttätig

Heimatverbundenheit, Dialekt und Lokalpatriotismus

Heimatverbundenheit und Dialekt sind sehr eng miteinander verknüpft. Die gemeinsame Sprache ist die Grundlage für ein Zugehörigkeitsgefühl zu dem Ort, in dem diese Sprache gesprochen wird. Umgekehrt entwickeln sich, wie gesehen, von Ort zu Ort sprachliche Besonderheiten, welche die Orte zumindest im „Ur"-Dialekt voneinander unterscheiden. Diese Unterschiede sowie die oftmals auch durch politische oder konfessionelle Grenzen entstandenen kulturellen Gebräuche und ortstypischen Verhaltensweisen bringen bei vielen Menschen einen gewissen Lokalpatriotismus hervor, der sich immer auch in Abgrenzung zu anderen, meist benachbarten Gemeinwesen entwickelt.

Beispielhaft für einen solchen, die Unterschiede betonenden Lokalpatriotismus kann das Verhältnis von Windecken und Heldenbergen genannt werden. Die beiden Orte waren über Jahrhunderte durch konfessionelle (Heldenbergen mehr katholisch, Windecken mehr evangelisch) und politische Grenzen (hessisch/preußisch, Regierungsbezirk Darmstadt/Wiesbaden, Kreis Friedberg/Hanau) und nicht zuletzt auch durch die an anderer Stelle erwähnte Sprachgrenze getrennt.

Dieser Lokalpatriotismus hatte erfreulicherweise zumindest in den letzten Jahrzehnten nie die Ebene von feindseliger Gegnerschaft erreicht. Allenfalls waren die sportlichen Auseinandersetzungen etwa im Fußball von besonderer Brisanz, oder es gab kleinere verbale „Kabbeleien", aber auch dies hat sich spätestens nach der Fusion im Jahr 1970 gelegt.

Die Fusion wäre im Übrigen nie zustande gekommen, wenn es zwischen Heldenbergen und Windecken unüberbrückbare Gegensätze bis hin zu Anfeindungen gegeben hätte. Heute ist zumindest bei der jüngeren Bevölkerung kaum noch Rivalität erkennbar, immerhin besuchen viele gemeinsam die Bertha-von-Suttner-Schule, und bei den Neubürgern in der „Pufferzone" zwischen den Stadtteilen gab es für Rivalitäten ohnehin keinen Anlass. Dem Vernehmen nach sollen einige zwischen Heldenbergen und Windecken wohnende Neu-Nidderauer gar nicht einmal wissen, in welchem Stadtteil sie leben.

Ob es nun ein Nidderauer Gemeinschaftsgefühl oder gar einen neuen „Nidderauer Lokalpatriotismus" gibt, kann an dieser Stelle nicht eindeutig beantwortet werden. Zumindest gibt es bereits einige Vereine, die nicht mehr den Namen des jeweiligen Stadtteils, sondern den Namen Nidderau tragen, wie zum Beispiel den „Nidderauer Tennisclub", den „Nidderauer Tischtennisclub", den „1. Sportkegelclub Nidderau" oder den „Handballsportverein Nidderau", um nur einige zu nennen. Natürlich ist dort so etwas wie ein Zusammengehörigkeitsgefühl entstanden, wie auch unter den Kommunalpolitikern, obwohl es hier dem Vernehmen nach noch einige gibt, die sehr stadtteilbezogen denken. Es muss aber kein Nachteil sein, wenn man sich für seinen Stadtteil einsetzt, so lange man die anderen nicht übervorteilt.

Lokalpatriotismus kann durchaus positiv sein, dennoch sollte man nicht nur in Bezug auf den eigenen Wohnort, sondern auch bezüglich der eigenen Nation behutsam mit diesem Begriff umgehen. So definiert „paradisi.de" in einem Beitrag vom 26. Mai 2011 den Patriotismus als „Begriff für die Liebe zum Vaterland und zu einer bestimmten Nation. Dabei handelt es sich um eine Bindung, die sich auf ganz unterschiedliche Aspekte beziehen kann. Dazu gehören vor allem Kultur, Geschichte, Politik oder eine Ethnie. (...) Heute ist es üblich, Patriotismus von Nationalismus und Chauvinismus abzugrenzen. So gilt man als konstruktiv patriotisch, wenn man sich mit seinem Land und seinem Volk identifiziert, aber andere Nationen und Völker deswegen nicht abwertet. Während zum Beispiel das Engagement gegen Fremdenfeindlichkeit als konstruktiv patriotisch angesehen wird, steht blinder Patriotismus dagegen für das Ausüben von Fremdenfeindlichkeit. (...) Bei Lokalpatriotismus handelt es sich um die Liebe zu einer bestimmten Stadt oder Region. Gleichzeitig grenzen sich Lokalpatrioten von nationalem Patriotismus oder Nationalismus ab." Da Nationalismus bedrohliche, ja sogar kriegerische Ausmaße annehmen kann, ist es ein positives Attribut des Lokalpatriotismus, dass er sich davon abgrenzt und sich ausschließlich auf lokale Gegebenheiten bezieht.

Definiert sich also der Lokalpatriotismus unter anderem auch durch die gemeinsame Sprache als Teil der Kultur und der Ethnie, so muss sich die Intensität des Lokalpatriotismus fast zwangsläufig in ähnlichem Maße wie die Sprache verändern.
Wie wir gesehen haben, ist die Sprache in Nidderau und mit ihr auch die Verbundenheit speziell zu den einzelnen Stadtteilen einem Wandel unterzogen. Davon sind die entlegeneren und

überschaubareren Stadtteile Erbstadt und Eichen weniger betroffen als die zusammengewachsenen und größeren Heldenbergen, Ostheim und Windecken. Der Rückgang der Identifizierung mit den letztgenannten Stadtteilen hat sowohl positive als auch negative Aspekte.

Positiv ist sicherlich die zunehmende gegenseitige Toleranz zwischen Alt- und Neubürgern und die damit verbundene Bereicherung auf allen gesellschaftlichen Gebieten, sofern dies von den Bürgern gewollt ist. Damit werden insbesondere die jüngeren Mitbürger die wenigsten Probleme haben.

Schwerer, und damit kommen wir zur negativen Seite, tun sich da schon die „älteren Semester", welche einen ziemlich raschen Wandel der gewohnten heimatlichen Strukturen, auch verbunden unter anderem mit den einhergehenden sprachlichen Veränderungen und vielleicht etwas anderen Lebensgewohnheiten der vormals zumeist großstädtischen Neubürger, erfahren mussten.

So sollte die Politik zum Beispiel darauf achten, dass mit der Entstehung der „neuen Stadtmitte" Nidderaus und der damit verbundenen zusätzlichen Einrichtungen auf kulturellem, gastronomischem und kommerziellem Gebiet, so wünschenswert diese auch sind, die gewachsenen Orts- und Stadtkerne, wie etwa der Windecker Marktplatz, nicht „ausbluten". Sollten die bereits vorhandenen genannten Einrichtungen vom Marktplatz verschwinden, so stirbt auch ein weiteres Stück Windecker Identität und Heimatgefühl aus. Dies kann aber nicht gewünscht sein, wie ein Blick nach Frankfurt zeigt. Auch wenn hier die sprachliche Besonderheit der früheren Stadtteile verblasst ist, so suchen doch immer noch viele Frankfurter und auch auswärtige Bürger die Geborgenheit und Gemütlichkeit der alten Ortskerne etwa von Bornheim oder Sachsenhausen.

Die Umgebung trägt also auch entscheidend zum Erhalt der Volkstümlichkeit und damit zum Wohlbefinden der Bürger bei. Nur in dieser Atmosphäre können sich auch Dialekte, wenn auch vielleicht irgendwann nicht mehr in der Urform, erhalten.

Es bleibt zu hoffen, dass die positiven Aspekte des noch vorhandenen Lokalpatriotismus der alten, über Jahrhunderte gewachsenen Stadtteile dazu beitragen, diese Stadtteile weiter am Leben zu erhalten und nicht zu „Schlafstadtteilen" verkommen zu lassen. Hier sollten Politik, Wirtschaft, Kultur und engagierte Bürger an einem Strang ziehen und die nötigen Voraussetzungen schaffen.

De Schursch, de Schàà unn de Eyercharly[1]

Geschichte im Urdialekt

Neulisch hunn sisch de Schursch unn de Schàà getròffe unn soin schwier en's philosophiern komme. De „Eyercharly"[1] woar nòch Làndràt unn hot zwaadausentzwaa em Jannewar zoum Neujuhresemfàng voo de Stàdt Nidderau e Redd gehaale. De Schursch woar aach doo unn ess ens Kriwwele[2] komme. Doodevoo horrer jetzt dem Schàà erzehlt.

Schursch: „De Eyercharly hatt's vo de Famillie unn hot gesaat, däi härre vom Kreis e ‚Fallstudie' gemàächt unn festgestellt, dass unhààmlisch ville Kenn unn Juchendlische su gruuße Probleme härre unn die Gesellschaft wier schold dro."
Schàà: „Wàs hotten der dodemet gemàànt?"
Schursch: „Ei ja, däi hunn gemerkt, dass Scheidungskenn, Kenn vo allààns erzäiende unn Kenn aus „Pätschwörkfamillie" su stoark betròffe wiern."
Schàà: „Wàs fier Famillie?"
Schursch: „'Pätschwörkfamillie'. Isch hunn emol su en Studierte gefreet, der hot gesaat: ‚Das sind Familien, die nach einer Trennung mit neuen Partnern zusammenleben'. Unn de Eyercharly màànt, dass däi Partnerschaftsprobleme, wuu äwe immer mieh wern, die Ursach wiern fier den grissere Juchendhilfebedoarf.
Isch màáne, do droo kennt unser Gesellschaft kabbutt gieh, wànn mer näit uffbasse."
Schàà: „Unn wàs solle mer degäje mache?"
Schursch: „De Làndràt màànt, oo de Schule sollt e Fach „Lebenshilfe" oogebode wern. Isch glaawe, des hätt mer sisch spoarn kenne, wànn mer sellemols[3] des Fach „Relischion" näit fier jeden nur nòch freiwillisch oogebode hätt."
Schàà: „Màànste wirklisch, des hätt geholfe?"
Schursch: „De Parrer Hildt aus Helwische[4] hot aach gesaat, dass die Leut oriendierungsloser wern deere, wànn se sisch näit oo de christlische Botschaft oriendiern deere."
Schàà: „Ess dàs dann die àànzisch Botschaft, wuu's gebt? Wäi wier's dann merrem gesonde Menschevestànd?"
Schursch: „Ess hot aach schunn ànnern Botschafte gewwe,

wäi sellemols en de seschzischer Juhrn vo de Studendebeweschung, däi hunn vill kabbutt gemàächt."
Schàà: „Warim?"
Schursch: „Ei, do ging's dòch zou wäi em Dollhaus, däi wollde „freie Liebe", däi hunn de Partner gewechselt wäi ànnern des Hembd. Kàà Wonner, dass die Kenn dànn ààn oo die Erbs kräit hu."
Schàà: „Isch hunn àwwer aach gehiert, dass die kaddolisch Kirch näit suu gern sieht, wàmmer sisch scheide lesst. Àwwer su gout ess dàs dòch manchmol aach näit fier die Kenn, wàmmer sisch zwingt sesàmmesebleiwe unn laufend Zersch metenànner hot, oder?"
Schursch: „Dann hunnse àwwer wenischsdens Mamma unn Babba."
Schàà: „Ei, wànn sisch su e Ehepoar de gànze Dààch enn de Woll leit, dàs ess dòch bestimmt nix fier die Kenn. Do kräie se dòch aach ààn oo die Erbs mààn isch, wànn näit nòch mieh als wànn ààner allààns erzäit oder sisch die ‚Pätschwörker' gout vestieh."
Schursch: „Des stimmt schunn, àwwer des soin dòch bestimmt die Ausnohme wu alsfurt Zersch hu. Wànn däi sisch nooch de christlische Botschaft vehaale deere, dànn härre se sich aach näit de gànze Dààch en de Huurn."
Schàà (lacht): „Dou màànst bestimmt des elfde Gebot: ‚Dou sollst disch näit en de Woll hu'? Also woarn die Studende dann prakdisch aach christlich!"
Schursch: „Wäi kimmste dann do druff?"
Schàà: „Ei, wànn isch mich räächt besenne, woarn däi Studende dòch gääje den Muff vom dausendjährische Reisch unn des Audoridäre wu ville Aale sellemols aus dere Zeit iwwernomme hu."
Schursch: „Unn wàs hot dàs met de christlische Botschaft se dou?"
Schàà: „En ganze Haffe! Gäje däi aale Nazi-Bäddongkepp hunn zwar nur àànzelne mudische Christe em dritte Reisch ebbes onnernomme, àwwer isch mààne, die Kirch wier schunn degäje gewäse, dass däi aale Padriarsche aach nòch noochem Kriesch ihr Weibsleut allsemol wäi de letzte Dreck von owe eronner behàndelt hu. Fier die Kenn hot dàs met Sischerheit jà aach nix goures bedeut. Unn dodegäje unn gäje ànnern Schläächtischkeide hot sisch jà aach die Stu-

dendebeweschung gericht. Also harre däi dòch ebbes met de christlische Botschaft gemoinsàm, wànn se friedlisch, harmonisch unn gleischbereschdischt sesàmmeläwe wollde. Mer muss sisch dòch ierscht emol freje, wàs die christlisch Botschaft iwwerhaapt genau ess. Unn auserdem: Däi Studende dischbediern sisch zwar Nääschdelàng, àwwer däi soin sisch dodebei näit bies unn leie sisch dodenoch wirrer en de Eärm, annerschder wäi bei em Ejepoar, wàs sisch nix mieh se sàà hot. Also soin die Studende dòch aajentlisch vill christlicher wäi màncher ànnere, nur behauptes die ànnern mieh von sisch. Scheinheilische hummer met Sischerheit mieh wäi genuch."

Schursch: „Mein läiwer Schàà, do ess ebbes droo wàs de sääst. Irschendwäi besde goar näit su domm wäi isch immer gedoocht hu. Velleischt kenne mer uns druff àànische, dass jeder e bissi rääscht hot? Velleischt fenne mer dànn irschendwànn emol en goure Meddelwääg?"

Schàà: „Suu mache mer's. Dàs ess en schiene harmonische Ausklàng vo unserm Dischput. Wànn nur alle Christe aach su wiern... ."

Unn wàs lerne mer do draus?

Villes ess dehnboar wäi en Kaugummi, deshalb sollt mer alles hinnerfreje, aach wànn's nòch su heilisch ess!

Anmerkung: Am 19. Januar 2002 und am 2. Februar 2002 erschienen im „Hanauer Anzeiger" zwei Leserbriefe, welche einen Eindruck vom Verhältnis des Autoren zum bürgerlich-konservativen Lager vermitteln. Der vorstehende Dialog „De Schursch, de Schàà unn de Eyercharly" wurde durch diese Leserbriefe inspiriert.

---

1 Allseits gebräuchlicher Kosename für den ehemaligen Landrat des Main-Kinzig-Kreises, Karl Eyerkaufer.

2 Nachdenken

3 damals

4 Nidderau-Heldenbergen

De dinnste Droht uff de Welt[1]

„uffgeschnappt"
Geschichte im Urdialekt

Zwaa Helwischer[2] hunn de dinnste Droht der Welt entwickelt. Der ess suu dinn, dassen goar näit messe kenne. Nadierlich wollese àwwer wesse, wäi dinn der ess.

Säät de ààne Helwischer zoum ànnern: „Do misse mern nooch Windecke brenge, däi wesse dòch immer alles."

Säät de ànnere: „Bluuß näit bei däi Preuße, dann schecke mern läiwer nooch Boiresem[3], däi sein aach näit schläächt."

Sie packe de Droht ennen Kaddong, leje en Zeddel debei wu se druffgeschrewwe hu: „bitte Durchmesser messen" unn schecken nooch Boiresem. Nooch zwaa Wuche kimmt de Kaddong wirrer sereck merem Droht unn aach em Zeddel debei: „Leider können wir diesen Draht nicht messen, er ist zu dünn."

Säät de ààne Helwischer: „Etz musser dòch bei die Preuße."

De ànnere: "Dàs seh eisch goar näit eann, dànn läiwer nooch Uusthem[4], däi kenne en prima Maddekouche[5] backe, velleischt packe däi dàs aach nòch!" Also: De Kaddong wirrer metsàmt em Droht unnem Zeddel uffen Wääg nooch Uusthem gebroocht.

Häi hot's nur zehje Dààch gedauert, unn es Bageet woar wirrer doo. Àwwer wäises uffgemààcht harre, woar die Enttäuschung gruuß: Wirrer koom de Droht merrem Zeddel sereck: „Leider können wir den Draht nicht messen, er ist zu dünn."

Unn wàs muss de geploochte Helwischer sàà: "Etz bleiwe nur nòch die Schlesselrappeler[6]". De ànnere, Treene enn de Aache, mescht ess Päcksche merrem Droht drenn zou un scheckt's noch Windecke. Enn seiner Uffreeschung hotter àwwer gànz vegesse, den Zeddel debei se leje.

Unser zwaa Helwischer woarte zwaa Wuche, drei Wuche, väier Wuche, sie denke schunn, däi Windecker Baggaasch hot de Droht geklaut.

Sie hunn schunn goarnäit mieh droo geklaabt, do koom nooch sechs Wuche dòch tatsäschlisch der Kaddong wirrer sereck.

Drenn leit – wäi kennt's annerschter sei – en Zeddel unn de Droht. Gespànnt lääse unser Helwischer den Zeddel:

„Wir wussten nicht was wir mit dem Draht machen sollten. Also haben wir mal ein Gewinde draufgeschnitten und ein Loch durchgebohrt. Wir hoffen das ist in Ihrem Interesse. Beste Grüße nach Hessen aus dem benachbarten Preußen."

Unn wàs lerne mer do draus?

Mer soll die Nàchberschaft halt näit gleich vedàmme.

---

1 Der dünnste Draht der Welt
2 Heldenberger
3 Schöneck-Büdesheim
4 Nidderau-Ostheim
5 Käsekuchen
6 Windecker Kosename

Fazit

Die in diesem Buch dargestellten Überlegungen lassen den Schluss zu, dass im Ballungsraum Rhein-Main die „Hardcore"- oder Ur-Dialekte mehr oder weniger schnell verschwinden werden. Auf das Beispiel Nidderau bezogen bedeutet dies, dass sie in den zusammengewachsenen größeren Stadtteilen Heldenbergen, Ostheim und Windecken schon in absehbarer Zeit kaum noch zu hören sein werden, schon allein, weil hier die Zahl der Neubürger die Zahl der Alteingesessenen „Urbevölkerung" bereits übersteigt und damit der abgemilderte „Soft"-Dialekt als kleinster gemeinsamer Nenner überwiegt. Die ursprünglichen Dialekte werden fast nur noch von der Großeltern-Generation gesprochen, und schon die Überlieferung durch die Eltern an die Kinder findet kaum noch statt. Lediglich in den entfernteren, kleineren Stadtteilen Eichen und Erbstadt, in denen die alten Strukturen noch in größerem Maße erhalten geblieben sind, wird sich der Ur-Dialekt vielleicht noch etwas länger halten.

Aber auch hier greift wie in den anderen Stadtteilen in zunehmendem Maß die Tatsache um sich, dass viele Eltern aus Angst, ihre Kinder könnten durch den Gebrauch des Dialekts zunächst schulische und später berufliche Nachteile erleiden, die Ur-Sprache nicht mehr weitergegeben wird. Laut Aussage namhafter Wissenschaftler ist diese Einstellung zwar falsch, es bleibt aber die Tatsache, dass die „Ur-Sprachen" auf dem absteigenden Ast sind. Um so wichtiger ist es, diese in geeigneter Form für die Nachwelt zu erhalten.

Trotz des drohenden Verlustes der ursprünglichen Dialekte in Nidderau muss die Identifizierung der Nidderauer mit den alten Ortskernen nicht zwangsläufig verschwinden. Zwar wird künftig, wenn überhaupt, ein milderer Dialekt gesprochen werden und auch das Stadtteildenken in Form eines stadtteilbezogenen Lokalpatriotismus abnehmen, aber die Attraktivität der alten Ortskerne, insbesondere der Altstadt Windeckens als dem „Herzen Nidderaus", sollte unbedingt durch gemeinsame Anstrengungen aller Entscheidungsträger gefördert werden. Schließlich bleibt das Streben nach heimatlicher Geborgenheit nicht auf die Altbürger beschränkt. Festivitäten unter Einbeziehung der bestehenden Gastronomie, der Geschäfte und kulturellen Einrichtungen sollten weiterhin in den Ortskernen stattfinden und nicht etwa in das neue Zentrum verlagert werden, auch im Sinne der Integration der Zugezogenen und auch im Interesse der Neubürger selbst, für die ein alter Ortskern ebenfalls mehr Geborgenheit vermittelt als ein künstliches Zentrum. Das soll aber nicht heißen, dass die Nidderauer ihr neues Zentrum nicht annehmen sollten und auch werden, welches ja ebenfalls über attraktive Einrichtungen verfügen wird. Allein das Gefühl ist ein anderes als in historischer Umgebung. Dort ist die Gemütlichkeit zu Hause. Das sollte auch den Geschäftsleuten klar sein, die gemeinsam mit der Politik in hohem Maße zur Attraktivität der alten Ortskerne beitragen können. An die Bürger kann man nur appellieren, durch ihr Kaufverhalten die Geschäfte in ihrer näheren Umgebung zu unterstützen. Sie tragen damit nicht nur zu deren Existenzsicherung und der Attraktivität der alten Ortskerne bei, sondern leisten gleichzeitig einen Beitrag für den Umweltschutz, weil sie größere Transportwege mit dem Auto vermeiden.

Ein „Nidderauer Lokalpatriotismus" wird im Laufe der Jahre in den zusammengewachsenen drei größeren Stadtteilen Windecken, Heldenbergen und Ostheim entstehen, so wie dies auch in größeren Städten geschehen ist. Indiz dafür ist die Entstehung von Vereinen, die den Namen „Nidderau" tragen. Noch überwiegt aber bei vielen älteren, alteingesessenen Bürgern das Stadtteildenken, welches in den entfernteren Stadtteilen Eichen und Erbstadt wohl noch etwas länger Bestand haben wird.

Die zunehmende Mobilität und ein verändertes Kommunikationsverhalten durch die neuen Medien haben dazu beigetragen, dass sich in Deutschland die Hochsprache immer mehr verbreitet. Ähnlich verhält es sich mit der englischen Sprache als „Weltsprache". Das Hochdeutsche war für die in ihren Dialekten aufgewachsenen Menschen lange Zeit eine Fremdsprache, genau wie das Englische für einen Franzosen oder Deutschen.

Diese Feststellung sollte auch den Umkehrschluss zulassen, dass die ursprünglichen Dialekte als Fremdsprache ebenfalls beherrschbar sind und ihre Existenzberechtigung auch in der Zukunft haben. Man müsste sie nur viel öfter mündlich oder als Tonträger weitergeben. Wenn man sie lediglich in schriftlicher Form der Nachwelt erhält, haben sie zwar auch noch ein Gesicht, wenn sie an einem hoffentlich noch sehr fernen Tag niemand mehr sprechen wird, aber es wird trotz aller Bemühungen bezüglich einer präzisen Schreibweise wohl kaum jemandem gelingen, diese Ur-Dialekte authentisch vorzulesen.

Ich hoffe aber dennoch, dass es mir mit diesem Buch gelungen ist, wenigstens einen kleinen, bescheidenen Beitrag dazu geleistet zu haben, das Aussterben des Windecker Ur-Dialekts insofern so lange wie möglich hinauszuzögern, dass mehr Mitbürger die Scheu vor ihm verlieren und sogar Gefallen an ihm finden.
Viele Geschichten leben vom Dialekt, der die Eigenarten der handelnden und sprechenden Personen viel besser darstellen kann, als es die Hochsprache jemals vermag.

Detlef Euler

Über den Autor

Gerne habe ich mich bereit erklärt, ein paar Worte aus dem Leben eines alten Freundes für dieses Buch beizutragen. Allerdings musste ich während unseres vorbereitenden Gesprächs feststellen, dass man noch lange nicht alles über einen guten Freund weiß, obwohl man ihn schon über viele Jahre zu kennen glaubt. So ergaben sich auch für mich viele neue, interessante Einblicke in seine Gedankenwelt.

Der in seinem Berufsleben als Zollbeamter tätige Ronald Bach ist ein waschechter Windecker. Im Jahr 1954 erblickte er in seinem Elternhaus im Rathenauring das Licht der Welt. Schon seine Eltern, Lotte und Richard Bach, waren in Windecken geboren. Sowohl seine Kindheit als auch seine Jugendzeit verliefen im positiven Sinne „sehr ereignisreich" und durchweg in sehr angenehmer Gesellschaft, wie er sich ausdrückt. Logischerweise entwickelte sich daraus eine enge Heimatverbundenheit.

Schon Ronalds beide Großväter, Wilhelm Schilling und Albert Bach sen., machten sich unter anderem bei den Fußballern einen Namen. Wilhelm Schilling gehörte zu den Gründungsvätern des „Sportclub Windecken" im Jahre 1911, und der aus dem Vogelsberg stammende Albert Bach sen. wirkte lange als Kassierer beim „Sportclub-Eintracht". Ronald trat in deren Fußstapfen und wirkte dort von 1982 bis 2003 mit kurzer Unterbrechung über 20 Jahre lang im Vorstand beim inzwischen fusionierten „SC Eintracht-Sportfreunde" mit. Gerne erinnere ich mich an unsere gemeinsame Zeit als 1. und 2. Schriftführer, die einfach nur Spaß machte. Auch heute noch fiebert er leidenschaftlich mit seinem SC Eintracht-Sportfreunde mit, auch wenn er als kritischer Zeitgenosse auch hier und da einmal etwas zu bemängeln hat. Freuen würde es ihn, wenn die fußballerischen Kräfte in Nidderaus Zentrum gebündelt werden könnten und eine Fusion mit dem benachbarten SV Victoria Heldenbergen zustande käme.

Detlef Euler am Wartbaum, einem Windecker Wahrzeichen

Ehrenamtlich tätig war Ronald auch in der Politik. Wie er selbst sagt, begann er mit 14 Jahren im „Aufstandsjahr" 1968 politisch zu denken. Schon als damaliger Schüler der Hohen Landesschule in Hanau nahm er an Demonstrationen gegen den „Muff von tausend Jahren" teil, welcher noch unter einigen Talaren ehemaliger Nazis steckte. Da er gleichzeitig im von Berufspendlern geprägten Windecken aufwuchs, fühlte er sich auch immer zu den „einfachen Leuten" hingezogen. Diese Tatsache und die Aussage Willy Brandts, „mehr Demokratie (zu) wagen", brachte ihn schließlich im Jahr 1972 zu den Jungsozialisten und in die SPD. Auch heute noch ist sein Gedankengut sozialdemokratisch geprägt, aber das politische Umfeld hat sich seiner Ansicht nach im Laufe der Jahre stark verändert. „Sowohl die Parteienlandschaft als auch die SPD sind lange nicht mehr das, was sie zu Willy Brandts Zeiten einmal waren", meint er etwas wehmütig. Weshalb er heute von der SPD enttäuscht ist und nun keiner Partei mehr angehört, hängt mit seinen langjährigen Erfahrungen zusammen.

Ronald Bach bezeichnet sich selbst als den „klassischen Rot-Grünen". Im Jahr 1980 gründete er mit einigen Gleichgesinnten die „Bürgerinitiative Umweltschutz und Demokratie Nidderau", zu einer Zeit also, als in Deutschland gerade ein Umweltbewusstsein im Entstehen war und auch die Grünen ihre ersten Gehversuche unternahmen. Die „BI Nidderau" befasste sich vorwiegend mit überregionalen Themen wie der Ablehnung der Atomenergie. Dem „alten Windecker" Ronald Bach waren diese Themen zwar überaus wichtig, aber sie sprachen für sich genommen die Einwohner Nidderaus damals noch nicht genügend an. Schließlich hatte er sozialdemokratische Wurzeln und wusste, dass die „Windecker Berufspendler" mehr über Themen, die sie unmittelbar betreffen, wie z.B. Landwirtschaft und Auenlandschaft, Wald, Nidderaltarm, Energieversorgung, Verkehr und Kleingärten für den Umweltschutzgedanken zu sensibilisieren waren.

Da er sich damit in der „BI" aber nur partiell durchsetzen konnte, entschloss er sich, die Bürgerinitiative nach einem halben Jahr wieder zu verlassen und stattdessen für die Sozialdemokraten als Stadtverordneter zu kandidieren. Dem Nidderauer Stadtparlament gehörte er dann auch von 1981 bis 1992 an. Gemäß seiner schwerpunktmäßigen Ausrichtung ging er zunächst in den Umweltausschuss und wurde auch gleichzeitig zum Fraktionspressesprecher gewählt. Die gesamten elf Jahre seiner Parlamentszugehörigkeit haben ihn sehr geprägt. Auch wenn „die beiden Willies", nämlich Willy Brandt im Bund und der in der Region ebenso unvergessene Bürgermeister Willi Salzmann in der Stadt, damals seine politischen Vorbilder waren, fand er außerdem auch Freunde in den anderen politischen Parteien. Grund dafür war, dass er sich immer „die kritische Distanz des Beobachters" gegenüber der eigenen Partei bewahrte und auch gute Ideen anderer Parteien aufgriff, so auch in einer seiner ersten Parlamentssitzungen, als er zusammen mit zwei weiteren SPD-Stadtverordneten und der CDU gegen die Verfüllung des Nidderaltarms in Heldenbergen stimmte und auch „in der Bütt" dazu Stellung nahm und damit die Pläne der SPD zunichte machte, den Altarm zu verfüllen. Zuvor hatte er sich natürlich mit der Bedeutung von Altarmen befasst, war damit aber in seiner Fraktion größtenteils nicht durchgedrungen („Des Schnoogelòch gehiert zougeschitt"). Anders verhielt es sich mit seiner damaligen Parteifreundin Frauke Rehde, einem „Windecker Original", von welcher er viel in Sachen Umweltschutz lernte und die damals ebenfalls gegen die Altarmverfüllung war (Ein älterer Sozialdemokrat: „Däi woar schunn innerlisch groi, do hot nòch kàà Sau o die Groine gedoocht").

Dass Ronald schon damals sicherlich auf dem richtigen Weg war, beweist die Tatsache, dass heute Flüsse renaturiert werden und sogar künstliche Altarme angelegt werden.

Seine frühe ablehnende Haltung gegen Atomkraftwerke verstehen heute wohl weit mehr Menschen als 1980, ja sogar die bürgerlich-konservativen Parteien haben seit der Katastrophe im japanischen Fukushima (2011) nach einer von ihm „gefühlten Ewigkeit" begriffen, dass es realisierbare Alternativen gibt.

Wie gesagt, auch Mitglieder anderer Fraktionen als der SPD hat Ronald Bach während seiner Parlamentszugehörigkeit schätzen gelernt. Häufig kam es zu parteiübergreifenden Übereinstimmungen mit diesen Kollegen, wie zum Beispiel im Umweltausschuss mit dem sehr einfühlsamen Christdemokraten Franz Olbrich. Der „Kanalprofessor" Hinrich Nygaard (FDP) erfand damals nicht nur das „Nidderauer Pi" oder kurz „NiPi" (ein damals fast gleichbleibender Faktor, mit dem sich die Nidderauer Baumaßnahmen am Ende verteuerten), sondern warnte auch permanent vor einer zu klein dimensionierten Kanalisation, was ihm schließlich seinen Spitznamen einbrachte.

Ronald Bachs Standpunkt als Fraktionspressesprecher war immer, die sozialdemokratischen Konturen genau herauszustellen, denn wenn der Wähler die Unterschiede nicht erkennen würde, dann würde er bei der Wahl zu Hause bleiben. Entsprechend viel Pfeffer war auch dann im Spiel. Dennoch, so betont er, waren die Zeitungsgefechte mit politischen Gegnern, von ganz wenigen Ausnahmen abgesehen, stets sachlich und fair, und letztendlich verband die Kontrahenten sogar eine gewisse persönliche Sympathie. Ich erwähne dies, weil es der Wesensart des Autoren entspricht, zwar sehr kritisch zu sein, aber die Kritik niemals persönlich, sondern stets sachlich zu verstehen und auch seine politischen Gegner mit Respekt zu behandeln.

Natürlich hatte die damalige Nidderauer SPD ihren hohen

Stimmenanteil hauptsächlich dem außerordentlich beliebten und sehr menschlichen Bürgermeister Willi Salzmann zu verdanken, aber auch Ronald Bach hat mit seiner Öffentlichkeitsarbeit zumindest einen kleinen Teil dazu beigetragen, dass die SPD bei der Kommunalwahl 1985 die absolute Mehrheit zurückeroberte.

In der Folgezeit verlagerte er seine Arbeitsschwerpunkte mehr in den sozialen Bereich und arbeitete im Sport- und Sozialausschuss mit, wo er bis zu seinem Ausscheiden aus dem Parlament auch Vorsitzender war. Mit viel Leidenschaft setzte er sich für die Verbesserung der Kindergarten- und Hortsituation ein, weitere Schwerpunkte waren die Förderung des Sports und die Verbesserung der kommunalen Einrichtungen für Jugendliche, hervorzuheben ist hier das „Blauhaus" in Windecken. Schon in frühester Jugend engagierte er sich als Mitglied des Jugendkreises Windecken für die Verbesserung der Raumsituation der nicht vereinsgebundenen Jugend. Einer von vielen Mitstreitern in jenen Tagen war der mit ihm befreundete und leider viel zu früh verstorbene Helmut Bus.

Ein weiterer Schwerpunkt seiner politischen Arbeit war die Erhaltung der historischen Bausubstanz Nidderaus. Hierzu fand unter anderem ein Treffen mit dem damaligen Landesdenkmalpfleger Professor Kiesow statt. Die aus diesem Gespräch gewonnenen Ideen flossen dann später auch in eine Erhaltungssatzung ein.

Persönlich hat er bis zu seinem Ausscheiden aus dem Parlament im Jahr 1992 keinerlei Vorteile aus seiner Tätigkeit gezogen. Aber er hat ein gutes Gefühl, wenn er rückblickend daran denkt, zusammen mit seinen Mitstreitern einen bescheidenen Beitrag zur Verbesserung der Lebensverhältnisse für so manchen Mitbürger geleistet zu haben. Deshalb kann er diejenigen, die noch zögern sollten, ein Ehrenamt zu bekleiden, nur dazu ermutigen, denn die Erfahrungen sind auf jeden Fall im positiven Sinne prägend für die eigene Persönlichkeit.

Auf meine Frage, ob es auch etwas gibt, was ihm an seiner eigenen Person missfällt, sagt er ganz spontan und offen: „Weil ich ein sehr kritischer, sensibler und emotionaler Zeitgenosse bin, werde ich manchmal zu schnell ungeduldig, wenn nicht alles gleich nach Plan läuft. Dann muss man mich wieder auf den Teppich zurückholen."

Eine weitere Frage bezieht sich auf Charaktere, mit denen er am wenigsten anfangen kann. Auch hier kommt die Antwort sehr spontan: „Arrogante und rücksichtslose Menschen sowie Sonnenkönige..

Sonnenkönige? Da fällt mir doch gleich Ludwig der XIV. ein mit seinem berühmten Spruch „Der Staat bin ich". Und richtig: es geht ihm um jene Egozentriker, die sich eher als Monarchen fühlen und die demokratischen Umgangsformen zu häufig missachten.

Überhaupt ist der Umgang der Menschen miteinander in Ronald Bachs Erfahrung viel zu oft und auf völlig unnötige Weise problematisch. So lautet ein Lieblingsausspruch von ihm: „ Die wesentlichen Probleme der Menschheit sind Kommunikationsprobleme." Viele Menschen scheuen sich aus Angst vor der Reaktion ihres Gegenübers, offen und ehrlich ihre Meinung zu äußern. Es ist bezeichnend, dass sich Kinder im Gegensatz zu Erwachsenen hier viel offener und ungezwungener verhalten und dadurch weniger Probleme untereinander haben. Wäre diese Kultur allgemeiner Bestandteil der menschlichen Kommunikation geworden, so hätte es nach seiner Meinung sogar wesentlich weniger Kriege gegeben.

Heute schlägt sein politisches Sympathiependel zwischen Bündnis 90 / Die Grünen und der SPD hin und her. Auch wenn bei den Grünen laut Ronald die Gefahr besteht, dass sie mit zunehmender Stärke und Regierungsverantwortung wie auch die SPD dem Drängen und den Verlockungen der Lobbys (dies sind vor allem Großkonzerne, Banken, Spekulanten und Interessenverbände) erliegen, würde er heute wahrscheinlich als Parteiloser auf der Liste der Grünen kandidieren. Er könnte sich somit weiter die kritische Distanz des Beobachters wahren und würde nicht der möglichen Vereinnahmung durch einen Parteiapparat erliegen.

Aber Ronald meidet heute lieber größere Auftritte und Engagements, teilweise aus gesundheitlichen Gründen, teilweise aber auch, weil er älter und ruhiger geworden ist und sich zusammen mit seiner Ehefrau Petra andere Schwerpunkte gesetzt hat.

Eine politische Betätigung im bürgerlich-konservativen Lager kam für ihn übrigens nie in Betracht, weil dieses seiner Auffassung nach zu stark mit den genannten Lobbys oder teilweise auch mit einer sehr gestrigen Auslegung der christlichen Lehre verwurzelt ist. Die Geschichte „De Schurch, de Schàà unn de Eyercharly" ist inspiriert durch einen Leserbrief, der am 19.01.2002 im „Hanauer Anzeiger" unter der Überschrift „Zunehmend orientierungsloser" erschien. Ronald Bach antwortete dem konservativen Beitrag ebenfalls im „Hanauer Anzeiger" am 02.02.2002 unter der Überschrift „Immerhin zu mehr Liberalität geführt". Es ging darin um einen Redebeitrag des früheren Landrats Karl Eyerkaufer anlässlich des Neujahrsempfangs der Stadt Nidderau im Januar 2002 zum Thema „Lebenshilfe". Ronald fand es „völlig daneben", dass der Autor des Leserbriefs vom 19.01.02 viele gegenwärtig auftretende familiäre Probleme auf die 1968er Studentenbewegung zurückführte.

Jedem, der sich aber politisch betätigen möchte, sei einer von Ronald Bachs Aussprüchen ans Herz gelegt: „Das Geheimnis erfolgreicher Politik liegt in der Menschlichkeit."

So habe ich ihn auch immer als offenen, ehrlichen und absolut demokratisch denkenden Menschen erlebt, welcher sich durch seine Ehrlichkeit aber natürlich nicht nur Freunde gemacht hat. Damit kann er aber gut leben, denn er wird sich niemals vorwerfen können, „aus seinem Herzen eine Mördergrube gemacht" zu haben und ist deshalb für seine Mitmenschen stets berechenbar.

Seine vielen Hobbys aufzuzählen, würde den Rahmen dieses Buches sprengen, denn es gibt kaum etwas, wofür er sich nicht interessiert. Musikalisch, so sagt er, habe er seit Langem große Sympathien für die amerikanische Band Chicago, aber neuerdings auch für Vaya con Dios und Jack Johnson, das könne sich aber nächste Woche schon wieder ändern. Er interessiert sich auch sehr für politische Satire und Sport. Auch die Trickfigur „Shaun das Schaf" hat es ihm angetan. Seine Lieblingsreiseziele in Deutschland sind der Bodensee, die Holsteinische Schweiz und die Pfalz. Er könnte sich sogar vorstellen, dort zu leben, würde aber die Liebe zu seiner Heimat nie aufgeben.

Seine Heimatverbundenheit war auch der Grund, weshalb er dieses Buch schrieb. So hat er sich dazu entschlossen, „zwei Fliegen mit einer Klappe" zu schlagen und seine (manchmal leicht bis stark veränderten oder „ausgeschmückten") Erinnerungen und Lieblingsgeschichten zumindest teilweise in den in seiner Ur-Form vom Aussterben bedrohten Windecker Dialekt zu übersetzen und für die interessierten Leser niederzuschreiben.

Dank

Ich möchte es am Schluss nicht versäumen, mich bei einigen Mitmenschen zu bedanken, ohne die die Entstehung dieses Buches in der vorliegenden Form nicht möglich gewesen wäre.

Dazu gehören „Rautie" und „Raul". Der in Nidderau-Windecken wohnhafte „Raul" alias Carsten C.O. Kauke hat mich dankenswerterweise mit dem nicht nur in der Region Frankfurt/Hanau bekannten Cartoonisten „Rautie" in Verbindung gebracht (www.rautie.de). Ich freue mich sehr, dass „Rautie" die Illustrationen zu diesem Buch übernommen hat.

Meinem langjährigem „Kumpel" Detlef Euler danke ich für seinen Beitrag zu meiner Person sowie für das Seitenlayout des „Prototypen" dieses Buches.

Ein weiterer guter Freund, Werner Ebert aus Schöneck-Kilianstädten, hat die Texte einer kritischen Würdigung unterzogen, ihm danke ich als meinem „Lektor".

Bei der Frage nach den historischen Gründen der Dialektunterschiede zwischen Windecken und den Nachbarkommunen fand ich Unterstützung bei dem Historiker Erhard Bus, dem ich ebenso danke wie dem ehemaligen Bürgermeister der Gemeinde Schöneck, Herrn Erwin Schmidt, der mir bereitwillig Auskünfte zum gleichen Thema erteilte.

Schließlich möchte ich meine Ehefrau Petra erwähnen, die mir in allen Lebenslagen die nötige moralische Unterstützung gab und gibt und mein Schaffen im positiven Sinne kritisch begleitet hat.

Ronald Bach